THE MIND
OF 10-BILLION-YEN MAKERS

100億円稼ぐ人の思考法

「100億円メソッド」コンサルタント
稲積サナエ

あさ出版

あなたは、
30代半ばで会社を起こした
若き経営者です。

夢と期待に胸をふくらませ、
意気揚々とスタートしたものの
事業は大失敗。
店は借金だらけになり、
経営は火の車です。

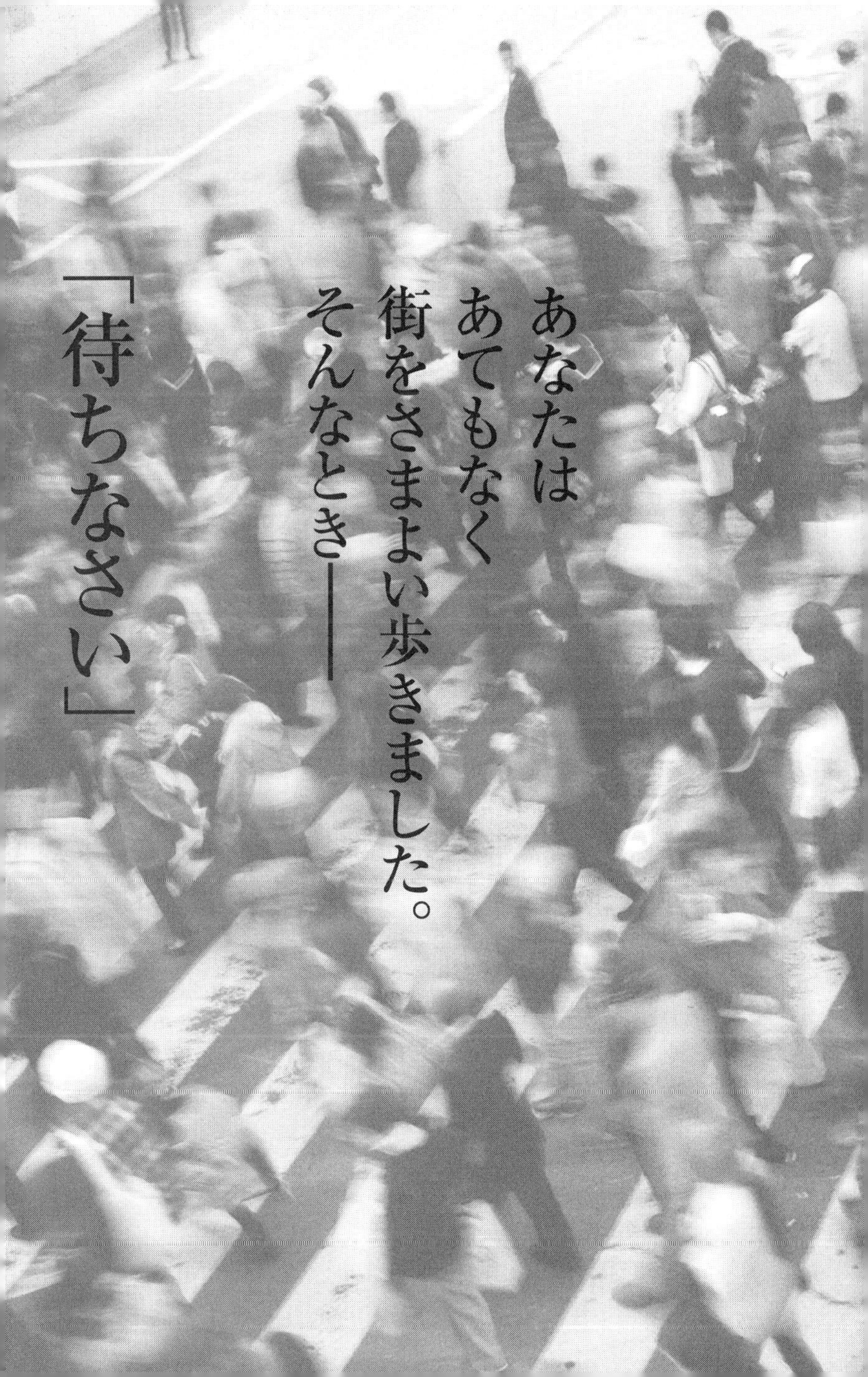

あなたは
あてもなく
街をさまよい歩きました。
そんなとき――

「待ちなさい」

あなたを引きとめたのは
1人の占い師でした。
その占い師は
こう言ったのです。

あなたは「莫大な富」
を築くだろう。

そう、
これはあなた自身が

「100億円」を
築く物語です。

はじめに

結論から言いましょう。

「財産」をつくるのは、かんたんです。
「財産」とは、「1億円」でも「10億円」でも、
たとえ**「100億円」**でも変わりません。

信じられませんか？
たしかに、「100億円稼げる」なんて言われても、あやしいと思うだけでしょう。
でも、もし、あなたが本心から望んでいるとしたら……それは決して不可能なこと
ではありません。
なぜなら、

「あなたらしい人生を送るために必要なものは、すべてこの世の中に用意されている」

からです。

たとえそれが100億円であっても。

あとは、あなたがそれに気づき、手に入れるだけです。

なぜ、そんなことが言えるかって？

それは、私自身が100億円稼ぎ出したからです。

30代前半、私はエステサロンの経営に失敗し、1000万円以上の借金を抱えていました。まるで、冒頭の物語のように。

「カネなし、コネなし、スキルなし」、あるのは「借金だけ」という私が、どん底状態から、占い師に予言され、業界初のゲルマニウムを応用した美容器具を開発しました。

その商品「ゲルマニウム美容ローラー」は、故・淡谷のり子さんをモデルに起用し、

100万本の大ヒット。
「100億円」を稼ぎ出してくれました。
私が100億円を稼ぎ出した秘訣は、たった1つ。

脳を喜ばせること。

これだけです。

本書では、脳を喜ばせるために必要な方法を「スキル」「マインド」「センス」に分けて説明し、私が実践してきたことをお伝えしていきます。

時間がない、お金がない、才能がない……。
人は、できない理由を探す天才です。
でもこれ、実はすべて「できる理由」になるのです。

私も、何ひとつ持たないまま、１００億円という大金を手に入れました。
そう、必要なものは、適切な準備をすれば必ず与えられるのです。
あなたも冒頭で、「莫大な富を築く」と予言されたはず。
これで、「１００億円」に、手をかけたも同然です。
あとは「手に入れる」のみ。

さあ今から、**「１００億円稼ぐあなたの物語」**を紡いでいきましょう。

２０１３年5月吉日　稲積　サナエ

Chapter 1

100億円稼ぐ人のスキル

Chapter 2

100億円稼ぐ人のセンス

Chapter 3

100億円稼ぐ人のマインド

• 執筆協力　田口勝也
• 写真　ピクスタ、(c) Ostill / www.fotosearch.jp、
(c) Fotosmurf / www.fotosearch.jp

Chapter 1

"Skill"of those who earn 10 billion yen

100億円
稼ぐ人の
スキル

01

夢に名前をつける。

“Skill”of those who earn 10 billion yen

「みなさんは、自分の夢に名前をつけていますか？」

私が講演でこのように問いかけると、参加者から手が挙がることはほとんどありません。

どうして夢に名前をつけないのでしょうか？

当たり前ですが、人には名前があります。私には「稲積サナエ」という名前が与えられているように、あなたにも名前がありますよね。私の飼っている犬にも名前があります。

そう、人は、大切なものに必ず名前をつけるものなのです。

あなたのかなえたい夢というのは、一生涯かけてもかなえたい、かけがえのないものであるはずです。言わば、あなたの一部。そんな「あなたの一部」にまでなっている夢に、名前がないのはおかしいと思いませんか？

私の場合、自分の夢に「一財産《ひとざいさん》」という名前をつけました。この時点で、夢は私と一心同体となり、切っても切り離せない存在となったのです。

もしかしたら、今のあなたの夢は、漠然としたものであるかもしれません。しかし、名前をつけたとたんに、あなたの隣に寄り添うように「存在」するようになります。

名づけたあなたは、夢の「親」になり、夢はあなたの「子ども」になります。

名前がないということは、存在させていないということ。存在していないものを大事にできるはずがありません。多くの人が夢をあきらめてしまう理由は、名前をつけていないからです。

それだけではありません。名前がないことは、とても「おそろしい状態」でもあるのです。ちょっと例を紹介しましょう。

罪を犯した人は刑務所で囚人となり、名前を奪われて、番号で呼ばれます。罪を犯した人への最初の罰は「名前を奪うこと」なのです。

さらに、大ヒット映画『千《せん》と千尋《ちひろ》の神隠し』でも、主人公の千尋は名前を奪われ、「千」と呼ばれるようになります。名前を奪われたものは過去の記憶をなくし、一生を使用人として過ごすことになってしまうというストーリーでした。

これで名前のないことの怖さと、「夢に名前をつける」ことの重要性がおわかりいただけたのではないでしょうか。

さっそく夢に名前をつけていただきたいのですが、その前にひとつ注意があります。

それは、あくまで名前なので、名詞にすること。

文章にしてしまうと、ひと言で表現することができません。また、次節で紹介するようにリズムをつけて繰り返すこともできませんので、必ず名詞にしてください。

「私の目標は年収1000万円で、そのために○○という商品の契約を月に○件とります」と長々と書いてしまっては、覚えるのもひと苦労ですし、繰り返して言葉にするときにも大変です。

これは文章であって、名前ではないですよね。この目標は、「1000万円」だけでもよいかもしれませんし、私のように「一財産」と名づけてもよいでしょう。

まずあなたがしなければならないことは、**「夢に名前をつけて、存在させること」**です。

さっそくあなたの子どもである夢に、名前をつけてあげてください。名前を授かった夢はあなたと一体化し、実現に向けての強力なエンジンとなってくれます。

あなたの夢は、年収1000万円？　1億円？　私は夢に名前をつけたことで、100億円稼げたのですから、あなたの夢もきっとかなうことでしょう。

02

24時間365日、夢を呼び続ける。

"Skill" of those who earn 10 billion yen

夢に名前をつけることの重要性は、おわかりいただけたかと思います。

しかし、夢に名前をつけて存在させても、その存在自体を忘れてしまっては元も子もありません。

せっかく大きな夢を持ったのに、日々の仕事や家族・恋人・友だちとのプライベートに忙殺されてしまい、いつの間にか夢を忘れてしまっていた……こんなことがないよう、**夢をあなたの脳に刻みつけなければなりません。**


このように言うと、「いや、俺は絶対に忘れない！」「自分の夢を忘れるなんてできない！」と反論したくなるかもしれません。しかし、残念なことに、そんな方に後日お会いすると、まったく夢を定着させていなかったということが多々あります。

よく知られたものに、人間の記憶力について「エビングハウスの忘却曲線」というものがあります。それによると、人間は、20分後には覚えたことの42％、1時間後には56％、1日後には74％を忘れてしまうそうです。

いかがでしょう？

たった1日で人は74％ものことを忘れてしまいます。それほど人間の記憶力というのはあてにならないものなのです。

では、夢の名前を脳に記憶させて忘れないようにするために、何をすればいいのでしょうか？

それは、簡単。「呼び続ける」ことです。

できればリズムをつけて呼び続けてください。あなたに合ったリズムで大丈夫です。

リズムをつけて呼び続けるには、前項で決めたあなたの夢の名前を口にしたとき、しっくりくることがとても大切です。なんだかリズムに乗れないとか、しっくりこない場合、思い切って名前を変えてしまってもいいでしょう。

リズミカルに呼べる名前であれば、とにかく言い続けてください。24時間365日、それこそ寝ている間も頭の中でぐるぐると夢の名前が回り続けるくらいに呼び続けると、忘れたくても忘れられなくなります。

これを3週間続けると、習慣化できるようになります。歯を磨いたり、顔を洗ったりするのと同じように、**考えなくても夢の名前が口から出てくる状態にまで脳に落とし込めば、あなたの夢はほぼかなったも同然です。**

あとで詳しく解説しますが、脳に考えさせないようにすることで、言い訳をして夢をあきらめるようなことがなくなります。

私の場合は、「一財産、一財産、一財産……」と、24時間365日呼び続けていました。自分では気づいていませんでしたが、もしかすると町を歩いているときに、声にして言ってしまっていたこともあるでしょう。

まわりからすれば「変な人」に見えていたかもしれません。しかし、いつの時代も「変人」と言われる人がとてつもない成功を手にしているものです。

人の目を気にすることなく、いつどんな場所でも夢の名前を言うことができれば、あなたの夢は「本気の夢」であると言えます。

まずは、リズムをつけて「夢の名前」を呼び続けましょう。それであなたの本気度も計れるわけです。ここで気おくれするようであれば、残念ながら、あなたの夢への想いはその程度のものだった……ということ。

あなたの脳が「この夢は当たり前のようにかなう」と思い込むまで、大事な名前を呼び続けましょう！

03

思考を捨て去る。

"Skill" of those who earn 10 billion yen

「思考を捨ててください」と突然言われても、さっぱり意味がわかりませんよね。変な宗教ではありませんので、ご安心ください（笑）。

「夢に名前をつける」「夢を呼び続ける」に続いて大切になるのが、この「思考を捨て去る」ということ。これはしっかりと頭に刻みつけていただきたいことです。

ところで、私たちが「考える」という行為を行うとき、何をもとにして「考える」のでしょうか？　もとになるのは、自分の過去の体験・経験などの「記憶」、それも感情を伴った「情動記憶」です。

人は自分の五感（味覚、聴覚、視覚、嗅覚、触覚）を通じて、「楽しい」「気持ちいい」「不快だ」などの感情を覚えます。私たちの記憶は、その感情もセットにして残されます。それを「情動記憶」と呼ぶのです。

よく、「前例がない」と言って、画期的なアイデアを却下する上司がいます。もしかすると、その上司は過去に、新しいアイデアを採用して痛い目に遭ったのかもしれません。その「失敗したイヤな思い出」が心に刻まれている間は、新しいアイデアを採用する気にはなれないでしょう。

「古い考えに縛られたつまらない上司だな」と腹が立つかもしれませんが、その上司は「イヤな思いを繰り返さないように、学習している」わけですから、ある意味、その言動は理にかなっているわけです。

ただ、その判断は、あくまで人間の感情によって下されるため、「正しいもの」とは限りません。この上司が失敗した経験だって、「新しいアイデア」自体がまずかったのではなく、そのやり方が悪かっただけかもしれません。

しかし実際には、この例のように、「情動記憶」をもとにした判断を「正しい判断」と錯覚しているケースがほとんどです。

この錯覚が進み、コチコチに固まってしまうと、「不変の信念」として揺るがないものになってしまいます。そうなれば、自分の道を進むのみで、他人のアドバイスも常識も、関係ありません。

しかし、この「信念」こそがクセモノです。

自分なりの信念を持つ人は、「信念があったからこそ、私は道を切り拓いてきた」と思っているかもしれません。……でも本当にそうでしょうか？　それは、「単なる思い込み」だったり、「誰かに押しつけられた考え」だったりはしませんか？

あなたがまだほんの小さかったころ、親やまわりの大人、学校の先生たちに押しつけられた「正しさ」や「信念」を、あたかも自分が選んだかのように、後生大事に守っているだけではないでしょうか。

一度立ち止まって、自分の抱いてきた信念を疑ってみましょう。そして、勇気を持って、手放してみるのです。これまでの自分の考え方を180度ひっくり返すことができれば、考えも及ばない大きな夢にも立ち向かっていけると思いませんか？

そう、ここで言いたい「思考を捨て去る」とは、自分で自分を縛っている「信念」というフレームから飛び出すことです。

夢を実現させるための答えは、自分の枠の中にはありません。

だから、いくら考えても答えが見つかるわけがありません。なぜなら、「自分が経験したことがないこと」をやろうとしているのですから。

あなたの「夢」は、カチカチに固まった信念という枠の外側で待っています。

04

最悪の事態を笑顔で迎える。

"Skill" of those who earn 10 billion yen

先に断っておきますが、私はマゾではありません（笑）。「イヤなことがあって、うれしい！」と感じるわけではないのです。**それでも「最悪の事態を笑顔で迎える」ことが、お金を呼び寄せる最強のスキルだと断言できます。**

自慢じゃありませんが、私は失敗ばかりを繰り返していました。エステサロンを経営していたときには、本当に最悪の時期がありました。

今思えばあり得ないことですが、世間知らずだった私は、勢いだけでエステサロンを開業したのです。広告も打たず、お客さんが来店するのを待つ日々……。当然、お客さんが来るはずもありません。

それでも、自分がせっかく開業したお店です。そう簡単にたたむわけにはいきません。そこで、借金をして最新の機器を取り入れたり、遅ればせながら、集客についても勉強して、１つずつ実践していきました。

たしかに、割引があるチラシを配れば、一時的にお客さんは来てくれるものの、それが長く続くことはなく、いつも自転車操業状態。気がつけば借金は１０００万円以上。家賃も払えない状態になっていました。

驚くことに、このときの私の気持ちは、「ま、なんとかなるさ～」でした。借金してまわりに迷惑をかけているとは思えないほど楽観的で、あきれるほどのおバカ。

これは強がりでもなんでもなく、本当に「なんとかなる」と思っていたのです。いざとなれば、旅館の住み込みで365日休みなく働けば、1000万円の借金くらい返せるという、なんの根拠もない自信を持っていました。このときの自信に根拠なんて必要ありません。**自信が笑顔を生んでくれます。**

普通、借金が1000万円以上もあれば、悩んで悩んで悩みまくって、実年齢より10歳は老けて見えてしまうことでしょう。そのくらい追い詰められてしまうのが、普通だと思います。

しかし、私はいつも笑顔。

エステサロンに来てくださるお客さんに暗い顔は見せられないという思いもありましたが、必死で働けば借金くらい返せるという「根拠のない自信」が私を支えていました。だから、最悪の状況でも笑顔でいることができたのです。

大切なことは、最悪だから下を向くのではなく、常に成功している自分をイメージして、上を向いていること。

気持ちを借金ばかりにフォーカスしていては、上を向いて笑顔でいることなんてできないでしょう。私の場合は、「このエステサロンは必ず成功する！」というイメージが強かったことにプラスして、それを達成する「自信」があったからこそ、最悪の事態を乗り越えることができました。

「笑う門には福来たる」とはよく言ったもので、笑顔でいることにより、自然と助けてくれる人も集まってきて、アイデアも湧き出てきます。それが、その後のゲルマニウム美容ローラーの成功につながっていくのです。

勘違いしている方が多いのですが、人間は、「行動に感情がついてくる生き物」。**「楽しいから笑う」のではなく、「笑うから楽しくなる」のです。**

試しに、天井を見て胸を張って、暗いことを考えてみてください。きっと、暗いことなんて考えることはできません。反対に下を向いて、猫背になって楽しいことを考えてみてください。楽しいことなんて考えられません。

苦しくても笑顔！　これを忘れないようにしてください。

05

危険を愛する。

"Skill" of those who earn 10 billion yen

先ほどに引き続きマゾっぽい言葉ですが、これも成功するための大切な資質です。人が何かを成し遂げようと歩を進めたとき、必ず「イヤなこと」「危ないこと」を通過する必要があります。これは成功するためには避けて通れないと心してください。次々とやってくるピンチを乗り越えるのは、心身ともに大変です。私もできることなら危険には出くわしたくないと思っていました。

でも、その考えは間違いでした。**「危険」を歓迎しなければ、常識を超えた成功は得られないからです。**私が経験した例をご紹介しましょう。

それは、ゲルマニウム美容ローラーの構想を持ったときのこと。次の一手がなかなか思いつかず、ある社長さんに相談することにしました（仮にA社長としておきます）。A社長に相談を持ちかけると、すぐさま、「稲積さん、それはパテント（特許権）を出したほうがいいよ。そうしないとすぐにマネされるから」とアドバイスをくれました。

何かと親身になって相談に応じてくれるA社長。「世の中にはこんなにいい人がいるんだな～」と感心していたところ、「稲積さん、そろそろ場所を変えましょうか」と言われました。「それもそうだな、この喫茶店にもう2時間もいるし」と思った私は、

A社長の案内でビルの上のほうへ移動。そして、連れて行かれた場所にはなんとベッドが！　驚きつつも、「私は、ビジネスの話をしに来たのです！」とその誘いをはねつけました。

そんな私に激怒したA社長は、「もう君には協力しない！」と逆切れ状態で、その場を去っていってしまいました。

もう頼るところはない。でも、パテントは出さないといけない……。すると、いても立ってもいられず、気がつけばパテント出願のために動き回っていました。そして何人かの方に相談しているうちに、ある弁理士を紹介してもらえることになりました。

弁理士に会って、ゲルマニウム美容ローラーの詳細を話し始めて数十分したところで、弁理士がひと言、「稲積さん、この話を誰かにしましたか?」と聞かれ、「A社長に話しました」と答えたところ、なんと、A社長も、私が考案したゲルマニウム美容ローラーのパテント出願について、この弁理士に相談していたのでした。

この広い東京に何人の弁理士さんがいるかわかりませんが、偶然にも、同じ弁理士さんに相談していたなんて……。こんな偶然があるのでしょうか。

結局、この弁理士は、私の依頼も社長の依頼も受けられないという結論に至り、私は別のルートでパテントを出願することになりました。

A社長の協力が得られず、襲われかけたばかりか、勝手に特許をとられそうになっていた……、一時にこれだけのピンチに見舞われたわけです。

普通なら、気が滅入って寝込んでもよさそうなものですが、頭の中が「一財産」という夢でいっぱいの私は、**「これだけの危険と偶然に見舞われるなんて、普通はなかなか経験できないはず。これは成功の前ぶれだ！」**と思ったのです。

危険を歓迎し、危険を愛しているような状況でした。

考えてもみてください。

そもそもA社長に相談していなければ、パテントのことすら知らないままだったはずです。私が発売する前に、ほかの誰かが販売していたかもしれません。

一見すると、危険のオンパレードでしたが、その危険があったからこそ、ゲルマニウム美容ローラーを成功させるための流れに乗ることができたのです。

危険を避けてばかりいないで、時にはあえて危険を愛し、飛び込んでみてください。成功をぐっと手元に引き寄せることができるはずです。

06

作戦は立てない。

"Skill" of those who earn 10 billion yen

私はゲルマニウム美容ローラーで一財産を築くのに、戦略も戦術も考えたことがありません。当然のことながら、事業計画書もつくったことがありません。

それでも100億円稼げてしまったのです。

なかには、本に書いてある通りに戦略を立て、戦術を考えて行動する方もいるかもしれません。しかし、思い描いた戦略・戦術が正しいのかなんて、やってみなければ誰にもわかりません。失敗することもあるでしょう、いや、失敗することのほうが多いと思います。

戦略・戦術を綿密に考えた人が失敗し、何も考えなかった私が成功するとは世の中おかしなものです。普通では考えられないかもしれません。ですが、**普通ではないからこそ、成功できた**と思っています。

作戦（戦略・戦術）を考えずに、私はなぜ成功することができたのか。

それは、ずばり**「夢への推進力」**のおかげでした。別の言い方をすると、完全に自分の身を**「潜在意識の力に預けていた」**ということです。

すでにお伝えした通り「夢に名前をつけ」「夢を呼び続けた」結果、潜在意識のレベルにまで夢を落とし込んでいた私は、夢へと向かう自分の力を信じ切っていました。

なんの疑いもなく、「成功して当たり前」と思っていたのです。

当時、ゲルマニウム美容ローラーを開発した私は、商品を山のようにつくりました。これは必ず売れると思っていたものの、つくったあとの販売方法まで考えていなかった私は、商品の在庫を目の前に「さて、どうしよう?」と考え込んでいましたが、しばらくして、自分の中に答えはないことに気づきました。当たり前です。それまで、マーケティングや販売方法なんて考えたこともないし、勉強したこともなかったのですから。

しかし、それでも必ず売れると信じ切っている私は「なんとかなるさ～」と、売れる日を待っていたのです。

そのとき、奇跡か偶然なのか、または神様の贈り物なのか、故・淡谷のり子さんにお会いする機会に巡り会いました。淡谷さんにお会いした瞬間、体にビビビッと電流が走り、「これだ!」と思った私は、さっそく淡谷さんにモデルになってほしいとお願いすると、そこからはとんとん拍子にコトが進み、通信販売会社との提携で瞬く間にゲルマニウム美容ローラーは売れていきました。

この経験でわかったのは、**夢を信じて突き進んでいると、誰かが見てくれていて、いつの間にか協力者がまわりに集まってくる**ということ。それこそ寝食も忘れて、目の前にある仕事に打ち込んでいれば、「あの人は誰よりもがんばっている」と思われ、「よし！　協力してやろう！」と思ってもらえるものです。

本を何冊か読んだだけでつくった戦略や戦術よりも、目の前にある仕事に没頭することこそ成功への近道だ……そう、私は確信しています。

下手な作戦では、時には下心が見え隠れし、まわりの協力が得られないものです。机上の空論より、実際にがんばって努力している姿を見せることが【最良の作戦】と言えます。

「作戦を立ててはいけない」とは、作戦を立てる前に目の前にある仕事を一生懸命がんばりなさい、ということです。

ちなみに、夢中になっている本人には、自分が「がんばっている」という意識すらないものです。それが当たり前だと思っているので、疲れ知らずでどんどん前に進んでいけるのです。このレベルまでくれば、もうまわりの人たちの協力を仰げたも同然でしょう。

07

自分の能力をさっさと見限る。

"Skill" of those who earn 10 billion yen

私には、できないことが山ほどあります。

でも、「できないから、あきらめる」という気持ちには到底なれず、「今の自分に必要なものは何か？」「どうすればできるようになるのか？」をしつこく考えます。

私の場合、借金を背負っていたくらいですから、当然お金はない、経営の知識もない、人脈もない。具体的に書くと、私自身では、ゲルマニウムを固めて美容ローラーにする技術もなかったし、マーケティングや販売の知識もなかったわけです。

ですから、当時の私に必要だったものは、「ゲルマニウムを固める技術」と「マーケティングや販売の知識」となります。これをすべて自分でやろうと思ってもできません。

こういった専門的な技術や知識が必要な場合は、その道の専門家に依頼するのがいちばんです。

もし私に、ゲルマニウムに関する知識や技術が少しでもあったら、「ゲルマニウムで美容ローラーをつくる」なんて奇抜な発想は生まれなかったでしょう。

もし私にマーケティングや販売の知識が少しでもあったら、自分でなんとかしようと思って、失敗していたはずです。所詮、素人の付け焼刃では、厳しいビジネスの世界では通用しません。

必要なのは、「できない自分の能力を、いち早くあきらめる」こと。

これは、「夢をあきらめる」とは真逆の意味です。夢をかなえるために、自分の能力を見限るのです。

「知る」と「できる」では雲泥の差があります。マーケティングを勉強した、経営のことをかじった。そんな程度で「私、これは知っているから」と言って、専門家のアドバイスを素直に聞けないようでは、成功することはありません。

「○○については、何も知らない自分」を真正面から受け止めて、素直にその道のプロを頼りましょう。

最も大切なのは、あなたにとって力強い協力者を探し、味方に引き込むことです。

考えてもみてください。のんびり勉強している時間なんてありません。

もちろん、いろいろな知識を吸収しようとする姿勢はとても大事です。しかし、その道10年のプロに追いつこうと必死で勉強したところで、簡単に追いつけるでしょうか？

もし、あなたがビジネスで成功したいと思っているのなら、その10年の間にあなたが考えたアイデアは、ほかの誰かによって実現されているかもしれません。

よく、「あのアイデアは俺も考えていた」というセリフを聞いたりしますよね。でも、最終的には、「最短距離で行動してきた人」がパイオニアとなり、成功しているのです。「ネットビジネスで儲かりますよ」と言って、いちばん儲かっているのは、その仕組みをつくった人です。後続者は、労力をかけた割には大して成果を上げることもできず、「だまされた！」と言ってその世界から脱落していきます。

今の自分に足りないものが、必要なもの。これを知ることが、いち早く行動を起こし、成功するための大切なステップとなります。

必要なものを知り、その道の専門家と一緒に進んでいけば、時代のパイオニアとなることができるはずです。

08

人のスキルは自分のもの。自分のスキルは人のもの。

人は自分にすでに備わっているものより、備わっていないもの、つまり、足りていない部分に目が行きがちですよね。

足りていないところをなんとかしたいとそこに労力をかけるより、足りているところを大切にし、足りていないところは、人に埋めてもらう。前項でもご説明しましたが、そのほうがずっと効率がいいはずです。

たとえば、部下の丁寧な仕事を認めずに、「仕事が遅い！」と怒鳴ってしまう上司がいるかもしれません。

また、いつも家事をしてくれる妻に、「お前の掃除は雑だから、もっときれいにやってくれよ」とダメ出しをする夫や、テストの点数の低かった教科ばかりにフォーカスして、「がんばればできるんだから、もっとがんばりなさい！」と注意する母親もいます。

人はそんな「ダメ出し」が続いてしまうと、だんだん自分自身への評価が落ちていき、「俺は仕事ができないんだ……」「私って主婦としてダメなのね……」「ぼくは勉強が苦手なんだ……」と自信をなくしていってしまいます。

しかし、残念ながら、成功の神様は「自信のない人」のところにも、「自己否定する人」のところにも訪れません。

あなたが本当に成功を手に入れたいなら、前項でお話ししたように、自分の苦手な分野はきっぱりとあきらめ、「自分の得意とするもの」をとことん突き詰めて、伸ばしていきましょう。

足りない部分はどうすればいいかって？　そこは、**人の手を借りられるだけ、借りる。**開き直って、人の褌《ふんどし》で相撲をとればいいのです。

しかし、「人の褌で相撲をとる」と聞くと、なんだかとてもずるいことをしているように感じられるかもしれませんが、それは頭のどこかで「タダで人の能力を借りる」と考えているからです。それは単に図々しいだけ。

そんな簡単に、人は力を貸してくれません。これはごく当たり前のことで、自分に置き換えてみてもわかるでしょう。

人から力を貸してもらうためには、やはりそこは相応の、こちらが提供できるものを用意するべきでしょう。自分が提供できるものというのが、あなたの「これだけは人に絶対に負けない」と言えるような能力です。

私は資金も知識も、何も持たない状態から、「ゲルマニウム美容ローラー」を世に出すことができました。

これは、「知識や技術は博士から、設備や人は万年筆会社から、人気や信頼は淡谷さんから」と、すべて人の褌で相撲をとった結果です。

では、何も持たない私は、何を提供できたのでしょうか。

最終的には報酬でしょうが、それを言ってしまっては味も素っ気もありません。


私が提供できたのは、私の夢を一緒にかなえてみたいと思ってもらえるだけの「情熱」と「未来への希望」、そして、とにもかくにも「まず行動」でした。

私は「この人だ！」と思ったら、とことん情熱を持って正直にお話ししました。そして、普通の人が「無理かもしれない」と思うようなことでも、すべて行動に移していきました。

必ずしも、目に見えるお金や開発能力、売る力は、自分に必要な条件ではないのです。


「人の褌で相撲をとる」とは、自分も相手もハッピーになること。「ゲルマニウム美容ローラー」は、私に力を貸してくれたすべての人に幸運をもたらしてくれました。

いつ誰に会えるかわかりません。その日のために、**提供すべき自分の資源を磨いておきましょう！**

09

思考を借りてくる。

"Skill" of those who earn 10 billion yen

「些細なことが気になってしまう。ぼくの悪いクセなんです」

「早計に決めつけるのはどうかと思いますよ」

これは、テレビドラマ「相棒」の主人公・特命係の杉下右京が番組の中でよく口にするセリフです。みなさんは、「相棒」をご覧になったことがあるでしょうか？ もし、ご存じないようでしたら、シャーロック・ホームズや古畑任三郎を思い浮かべてください。

これらの人物に共通するのは、鋭い観察力と柔軟な思考力を合わせ持っていることです。


私たちは日常生活の中で、見るべきものがまったく見えておらず、聞くべきことを聞き逃していることが多々あります。自分に見えている世界だけが正解であると、思い込みで決めつけてしまっているのです。

物事は、あなたの知っている「小さな世界」だけで起こるわけではありません。

あなたの主観を外し、視点を変えてみると、思わぬものが見えたり、聞こえたり、感じられたりするもの。

それは人生の新たな発見につながります。

杉下右京やホームズは、他人とは違う視点で難事件を解決へと導いていきます。それは、他人が気づいていない事実を感じとれる力が優れているからです。

「彼らは特殊な才能の持ち主で、凡人の自分には無理」と思ったあなたは要注意!!

生まれながらにして、人間は個性を持っています。他人とは違う感性を持っています。**「凡人」なんていません。**このことを忘れないでください。

そもそも「他人とは違う視点」とは何でしょう？　それは、「自分の目で見ていない」ということです。

自分にとってどうでもいい、どちらでもいいことに思えても、他人からすると、とても重要なことがあります。

自分の考えを外し、他人だったらどうするかという視点が、「鋭い観察力」なのです！

賢明なあなたならもうお気づきでしょう。杉下右京もホームズも、単に、「自分がしないことをしている人間の行動にフォーカスしているだけ」ということに。

杉下右京やホームズの場合は、犯人を捕まえることを目的にしているので、「もし自分が犯人だったら」と考えるところからスタートします。

あなたも、「もし自分が憧れの経営者だったら」と考えることで、これまで見えなかった事実に気づくことができるでしょう。「あの人だったらどうする？」と問いかけ、憧れている対象の「思考」を借りてくるのです。すると、**これまで自分では考えたことのないような言葉やヒントが出てきます**。

その視点ができたら、次は、「柔らか頭で課題に対処する」クセをつけましょう。

柔らか頭は、それまでの観察で証明してきたことを、時には否定します。

ビジネスで言えば、**成功すると思い込んでいたビジネスを、時には変更して、180度違うビジネスにしてしまえるくらいの柔軟性**です。「これは成功する」と思っていたものは、時代の先を行きすぎているかもしれません。または、時代遅れなのかもしれません。

時流に乗っていないと、どんなに優れたビジネスモデルでも、成功するのは難しいでしょう（「時流」については、別の項で詳しく解説します）。

とにもかくにも、観察力と柔らか頭があれば、あなたが想像しているほど、課題は大きなものではないということに気づくはずです。

10

人の親切にホイホイ乗る。

"Skill" of those who earn 10 billion yen

「はじめに」でご紹介したように、占い師のひと言から、私の人生は大きく変化しました。

じつは私はそれまで、「占いなんてうさん臭い！　絶対信じない」と思っていたのです。

しかし、借金を抱えて苦しんでいる私を見ていた知り合いが、見るに見かねて、その占い師を紹介してくれたのでした。

正直、「はぁ、なんでこんな大変なときに占い師なんかに会いに行かないといけないの？　やることがたくさんあるのに、本当に迷惑……」と口にこそ出しませんでしたが、そんな気持ちが顔には表れていたと思います。

知人の強いすすめがなければ、絶対に占いなんかには行かなかったでしょうが、連れてこられた以上、観念して見てもらうしかありません。

待合室で占い師を待つこと数分、奥の部屋から車いすに乗った占い師が登場しました。

「足でも悪いのかな？」と思ったのも束の間、なんとその占い師は、交通事故に遭ったとのこと……！

私の心の中では、「自分の危機も予見できないのに、私のことがわかるわけがない！」と完全に占い師を信じることができなくなっていました。

しかし、その占い師は私を見た瞬間に、「あなたは一財産《ひとざいさん》築く！」と言い放ったのです。

「え？」。頭の中はハテナマークだらけ。しかし、体は電流が流れたように反応している。

まさかとは思いましたが、**私の潜在意識が「これだ！」というシグナルを出していたのです。**その後、占い師にあれこれ言われていたようですが、ほかのことはひとつもおぼえていません。ただ、「一財産」という言葉だけが、私の心に深く刻まれました。

そして、ここから、私は本当に一財産を築いていくわけです。すべては占い師の「たったひと言」から始まったのです。

元はと言えば、知り合いの親切心から占い師を紹介され、気が進まないまでも会いに行ったことが、「一財産」につながりました。

あのとき、もし、いろいろと理由をつけて断わっていたら……？　一財産を築くことは決してなかったでしょう。実際に、お腹が痛くなったとか、法事があるとか、エステの予約が入った……などなど、断る理由をたくさん考えていました。

気乗りしなかった知人の親切に乗った結果、成功を手にすることができたのです。

あの占い師に出会っていなかったら、エステサロンを閉店して、本当に旅館の住み込みで働いて、今ごろはビジネスの世界を引退していたことでしょう。

現在のように、全国から呼ばれて講演活動をすることもなく、ごく普通の人として人生を送っていたと思います。

こんなふうに、時には、「気乗りしない」と思う親切に乗ってみることで、思わぬ結果が得られる可能性があります。

私の友人Tさんは、癒しやセラピーというシロモノを、まったく信じていませんでした。しかし、信頼しているビジネスパートナーからのすすめで、あるアートセラピーの先生に会ったところ、アートセラピーには心理学のバックボーンがあり、科学的にも効果が立証されているということがわかり、Tさんは心理カウンセラーの資格をとるために学校へ通い、資格を取得しました。

今は、心理カウンセラーの技法を本業の営業活動に生かして社内トップの成績を上げており、外部セミナーの講師や専門書の執筆活動もしています。

Tさんも私も最初は嫌々でしたが、その出会いがきっかけで、人生が好転しました。

最初は、気が進まないと思ってもかまいません。**しかし、一度でいいので、その親切に乗ってみてください。**

そうすれば、違う角度から予想もしなかった言葉を投げかけられ、あなたの体に電流が走り、成功への扉が開かれることがあるでしょう。

11

トイレ掃除が楽しくて仕方がない人になる。

“Skill” of those who earn 10 billion yen

他人と過去は変えられない――。

この言葉は、自己啓発書を開けば必ずと言っていいほど出てくるフレーズです。しかし、本当にそうでしょうか。**「過去の解釈」は変えられると思いませんか？**

恋人同士が大ゲンカしてしまっても、数年後、「あのときのお前は本当に怖かった」などと言って、笑い話にできることがあるように、過去の大ゲンカがあったからこそ、今のいい関係が続いている……と考えることもできるでしょう。あのときにお互いが言いたいことを隠し、腹の中に不満を溜め込んだ状態になっていたとしたら、今頃は爆発して、取り返しのつかないことになっていたかもしれません。

このように、そのときは最悪としか思えなかったことが、後々になって、「あの経験があったから、今がある」と感じられることは多々あるはずです。

そうです。解釈を変えることによって、人の心は一瞬で変えることができるのです。

過去の解釈だけではありません。今起こっていることも、気持ちの持ち方ひとつで楽しくもなり、つまらなくもなります。

テレビなどで人気の明石家さんまさんは、下積み時代にこんな経験をしたそうです。

弟子入りした当時は、来る日も来る日もトイレ掃除。イヤで仕方なかったと言います。しかし、ある日師匠に、「どんなことでも楽しいと思ったら楽しくなる。トイレ掃除も同じだ。楽しいと思ってやれ」と言われました。

「なるほど」と思ったさんまさんは、その日から、楽しいことを考えながらトイレ掃除を始めました。それからは、トイレ掃除も、楽しみながらできるようになったそうです。

私の場合、エステでうまくいっていないときには、「今がどん底なんだから、これ以上は落ちることがない。あとは上がるだけじゃないか」と考えることで、気持ちがすーっと楽になり、それまで抱えていた不安な感情はどこかへ飛んでいってしまいました。

人は生きていれば、必ず浮き沈みがあります。ずーっと調子よく上り続けている人なんていません。古今東西、誰もが浮き沈みをしながら、人生をよりよくしようと今を生きているのです。

起きた物事のどこに焦点を当てるかによって、過去の解釈を変えることもできるし、現在の自分の置かれている状況も一瞬で変えることができます。

心理学にはアルバート・エリスが提唱した「ABC理論」というものがあります。

Aは「起きた事実（状況）」、Bは「思考（解釈）」、Cは「感情」です。

たとえば、あなたが「上司に批判された」とします（A）。そのとき、「自分は否定された」（B）と思考してしまうと、「腹が立つ」（C）という感情に行きついてしまいます。

しかし、Bの思考を「自分とは考え方が違うんだ」に変えてみるとどうでしょう？

Cの感情は「違う考え方もあるんだ。勉強になった」と、ポジティブなものに変えることができます。

批判されたときに、反射的に怒りを覚えてしまうというのは、思考をすっ飛ばして感情を出してしまっているケースがほとんどです。

これは、Bの思考が「批判されたら否定されている」という具合に凝り固まってしまっているからです。

この思考を少しほぐしてやれば、さまざまな解釈ができるようになります。

怒られたら怒り返すというように、反射的に反応するのではなく、**一度自分の中で相手の言葉を咀嚼《そしゃく》して感情を出すトレーニングをすれば、あなたも自分の心を自分で操れるようになるでしょう。**

12

置かれた場所に「宝」はある。

“Skill”of those who earn 10 billion yen

「ここでは、成功できない」「海外に行けば大金を稼げるかもしれない」。人は今の苦しい状態を外的な要因のせいにしてしまう傾向があるため、こういった思考に陥りがちです。

でも、ちょっと待ってください。よーくまわりを見渡してみましょう。**あなたの足元にあるそれ……、「成功のタネ」ではないでしょうか？**

「宝」は、あなたのすぐそばにある。そんな好例をお話ししましょう。

ある20代の男性が電車通勤していました。朝の通勤時はおそろしいほどのラッシュです。足は踏まれ、息苦しく、周囲は汗をかいたビジネスマンで「すし詰め」状態。

こんな通勤ラッシュを毎日繰り返すと、会社に着くころにはヘトヘトで、午前中は仕事になりません。かといって、社員寮のため、引っ越すこともできない。

会社は好き、優しい寮母さんのいる社員寮も好き、でも通勤ラッシュに耐えられない。悩んだ彼がどんな結論を出したかわかりますか？

なんと彼は、通勤電車として使っている電鉄会社の株を購入しました。

これはどういうことかと言うと、通勤電車に乗っているときに人がたくさん乗っていると、「お！　今日も儲かってるな～、これで株も上がるな！」と思えるようになり、いくら足を踏まれようが、息苦しかろうが、汗をかいた太めのおじさんがそばに来ようが、まったく気にならなくなったのです。むしろ、電車が満員じゃないと、「この線も人気が落ちたのかな？　俺の株は大丈夫かな……」と不安になってしまうほどでした。結果、彼は、通勤電車に乗るモチベーションをとり戻しただけでなく、鉄道株でずいぶん儲けたそうです。

もし彼が会社を辞めていたら……？　今と同じように楽しく仕事ができていたかもしれませんし、たいへんな苦労が待ち受けていたかもしれません。その結果は誰にもわかりません。

しかし、少なくとも彼は、今自分が置かれた環境の中で、最良の結果を手にすることができたのではないでしょうか。

好きな会社を辞めず、社員寮を出ていくこともなく、置かれている状況は以前とまったく同じなのですが、満員の通勤電車に対する感情を「大嫌いなもの」から「自分にとって大切なもの」にシフトすることで、前向きな気持ちで仕事に取り組むことができました。彼は株を買うことによって「宝を得た」のです。

世の中には、「ここではないどこかに、自分の幸せがある」と考える「青い鳥症候群」が蔓延《まんえん》しています。「俺のやりたいことはこんな仕事じゃない」「もっと俺にふさわしい仕事があるはずだ」と言って、簡単に転職してしまう人もいるようですが、まずは自分の置かれた環境で一生懸命にがんばり、自分の「宝」を手に入れるべきだと、私は思います。

何もしないで愚痴と文句ばかりでは、転職して職を変えたとしても、また同じ愚痴と文句を繰り返し、何度も「宝探し」に行くはめになります。

本当は、磨けば光る宝が足元に転がっているのに……。

人脈についても同じことが言えます。

もっと自分のキャリアアップにつながる人脈を築きたいと、新たな人脈を求めて交流会やパーティーに参加し、やたらと名刺を配っている人を見かけますが、それが果たして本当に必要な人脈につながるでしょうか？

人脈は自分で広げようとするものではありません。「自然に広がっていくもの」です。

では、どうすれば自然に広がっていくのでしょうか？

それは本書で繰り返しているように、**目の前のことに一生懸命取り組むこと**です。

そうすると、誰かが自分に必要な人を紹介してくれるようになります。

まわりにいる人が、「がんばっている人を応援したくなる症候群」にかかってしまうくらい、目の前の仕事・やるべきことに対し、愚直に一生懸命突き進むことです。

13

正しい答えが出ないのは、
「正しい質問」を
していないから。

“Skill”of those who earn 10 billion yen

「あなたが本当に手に入れたいものは何ですか？」

この質問に即答できる人は、残念ながら多くはありません。

自分のことなのに、自分が何を欲して生きているのかがわからない……こう感じてしまうのには、理由があります。

その理由とは、事実によって自分の願望に「制限」をかけてしまっていることです。

自分の「常識」を前提に考えてしまうと、自らが持つ本質的な「願望」にまでは到達しません。**時間がないから、お金がないから、人脈がないから……こんな制限をかけることによって、「自分の本当の声」を消してしまっているのです。**

「もし時間も、お金も、人脈も、自分の思い通りになっているとしたら？」と、自分に質問することによって、本当に自分が欲していることがわかってきます。

子どものころには、誰もが制限をつくることなく、なんでもできるという思いで、夢を親や友だちに話していたはずです。

まずは、自分の欲求を見るために、あなたを取り巻く事実を取り払ってください。

順番は、①「本当の自分の夢や、やりたいことは何か？」↓②「その夢ややりたいことに対して、今の事実はどうなっているか？」↓③「今の事実を生かして何ができるか?」です。**この順番でステップを踏んでいくことによって、夢への推進力は飛躍的にアップします。**

反対に、①「今の事実は何か?」→②「事実による制限は何か?」→③「その制限の中で何ができるか?」という順番で考えてしまうと、どうしても制限の中での欲求、いわゆる妥協した夢に向かってしまうことになります。

その夢は自分の本当の心にウソをついた夢とも言えますので、それを達成したところで、幸せになれる保証はありません。

自分に対する質問のステップが適切であればあるほど、本当に自分が欲している夢に近づき、それを達成する可能性が高くなります。

質問の話で、こんな有名なエピソードがあります。

アメリカ大統領が、大事な講演会を控えて、どのようなスピーチにするか考えあぐねていました。そこで、専属のコーチに電話をすることにしました。

「明日の大事な講演会では、何を話したらいいんだろうか?」

と尋ねたところ、コーチは、

「大統領、質問が違います。『聴衆にどうなってほしいのか?』が正しい質問です」

夢をかなえるには優先すべき質問がある

○正しい答えに導く質問の順番

①「本当の自分の夢や、やりたいことは何か?」
↓
②「その夢ややりたいことに対して、今の事実はどうなっているか?」
↓
③「今の事実を生かして何ができるか?」

×誤った答えに導く質問の順番

①「今の事実は何か?」
↓
②「事実による制限は何か?」
↓
③「その制限の中で何ができるか?」

と返されたそうです。

このエピソードを自分の意識に置き換えてみましょう。

「何を話せばいいか?」から導き出される答えは、聴衆によく思われるための『ウソの夢』になってしまいかねません。それに対して、「聴衆にどうなってほしいのか?」という質問は、潜在意識の『本当の夢』を掘り起こしてくれる質問と言えます。

正しい質問をすることで、正しい答えが導かれます。

答えが重要ではなく、「正しい質問」が重要なのです。

14

ミッションが人を引き寄せる。

"Skill"of those who earn 10 billion yen

突然ですが、あなたはどんなときに「誰かを助けてあげたい」と思いますか？　それは、本書でも繰り返しているように、人が一生懸命になっているときではないでしょうか？　しかも、その一生懸命何かをやっている人が、楽しそうな笑顔を浮かべていたらどうでしょう？　応援したい気持ちがさらにアップするのではないでしょうか。

しかし、なぜそんなに一生懸命何かに打ち込むことができるのでしょうか？

一生懸命になれるか、なれないか、**その差は、「人生にミッションを持っているか、いないか」**。ここが分かれ道です。

「ミッション＝使命」と考えると、少し大げさな感じもしますが、必ずしも大それたミッションを掲げる必要はありません。

しかし多くの人は、自分が考えている使命をちっぽけなことだと思ってしまい、それを人に言わずに隠してしまっていることが多いように思います。

たとえば、仕事を一生懸命することにより、収入が上がり、年に1回くらいは家族で海外旅行に行けるようになったとします。スケールは小さいかもしれませんが、その海外旅行に家族で行くという行為の裏には、「家族を幸せにしたい、家族の笑顔を見たい」という立派なミッションが備わっているのではないでしょうか。
「なんだ、そんなことか」と思われるかもしれませんが、自分のいちばん身近にいる人を幸せにできない人が、もっと大きなことを成し遂げることができるでしょうか？

まずは、自分のまわりから始めていき、その輪が広がっていくイメージを持ってください。

前提条件として必要なのは、「自分も幸せで満たされた状態にいる」ということだけ。自分自身に悲壮感が漂っている人に「家族を幸せにする」と言われても説得力がないですし、自分を愛することができない人は人を愛することもできないからです。

自分のまわりの輪が知らない間に、その外側の輪に広がっていくようなイメージです。「お父さんががんばってくれたから、海外旅行に来れたんだよ」と奥さんが子どもに話すと、子どもはお父さんに感謝するでしょう。お父さんもモチベーションが上がり、さらに一生懸命に仕事に取り組むことができます。それで仕事で成果を上げると、昇進ということもあるでしょう。こうなってくると、上司や部下の協力も得やすくなってきます。

一生懸命に取り組む後ろ姿を見せてきたあなたのお願いを、上司や部下が断るはずがありません。最初は「家族のため」が、結果的に「会社のため」となり、一生懸命な仕事っぷりは、社外にも広がっていくでしょう。

こうして、自分のミッションを達成しようと必死になっているうちに、人は自然とあなたのまわりに引き寄せられます。気づけば、その人たちを巻き込んで仕事をすることになっているはずです。


ただし、ここで言っている一生懸命は、ただやみくもにがんばることではありません。最終目的が家族を幸せにすることなのに、夜遅くまで仕事をして家にも帰らない状況では本末転倒です。「家族を幸せにする」があなたのミッションであれば、仕事とのバランスを保つことが大切です。

カリスマと呼ばれる歴史に残る名経営者は、このバランス感覚にも非常に優れていたのではないかと思います。

まずは、いちばん身近な人を自分のミッションに巻き込むことをしてみましょう。そうすれば、人の輪は自然に広がっていくことでしょう。

15

相手の価値観を飛び超える。

"Skill"of those who earn 10 billion yen

あなたの夢をかなえるためには、時として、厄介な相手を説得して回る必要があります。ここでは、私が実践した「価値観の異なる相手との交渉術」をご紹介したいと思います。

私たちは人生において、「大切にしているもの」「大切に感じていること」がそれぞれ違います。育った環境により、その違いは明確に生まれてきます。育った環境で得てきたもの、それがその人なりの価値観であり、自分を支えているものです。人生観につながると言っても過言ではないでしょう。

これは、他人にとやかく言われて変わるものではありません。それは、水が長い年月をかけて岩を浸食していくように、心に染みついた「思考のクセ」のようなもの。その人その人の人生観にもつながっている価値観を変えることは容易ではありません。**価値観の異なる人同士がまともに交渉しても、決裂する可能性が非常に高いと言えます。**

私は、ゲルマニウムの粉を見たときに、「これだ!」と思い、「ゲルマニウム美容ローラー」の開発に着手しましたが、この商品を完成させるためには、ゲルマニウムの専門家を説得する必要がありました。

私は、ゲルマニウムを専門に研究していた理学博士に「ゲルマニウム美容ローラー」の開発の協力をお願いするため、博士の元を訪れました。が、何度お願いしても頑《がん》として首を縦に振ってもらえませんでした。

その理由が、「美容関係に関わったりしたら、恥ずかしくて二度と学会に顔を出せない」というもの。当時、美容業界は今ほどの地位も名誉もなく、美容への研究に協力することなどは、研究者にとってご法度中のご法度。しかし、私はどうしてもその博士を説得しないといけない立場でした。

美容業界に関わりたくない博士に、美容業界のよさをどんなにアピールしても暖簾《のれん》に腕押しの状態で、この交渉も終わりかなと思いながら、最後に言ったひと言が博士の心を動かしました。

「ゲルマニウムで女性が美しくなれば、男性が元気になります。男性が元気になれば日本が元気になります。どうかお願いします。博士の力で日本を元気にしてください！」と、気がつけば、叫ぶようにお願いしていました。

たしかに、美容業界が元気になったところで、博士には関係のない話でしょう。しかし、「日本を元気にしてください！」とお願いしたことにより、**博士にとっての目的が「女性の美容」という小さな枠組みではなく、「日本を元気にするための依頼」となった**のです。

今思えばなんの根拠もない、口から勝手に出てきた言葉ですが、人は自分の価値観を超えた価値を示されると、心動かされる存在なのかもしれません。

このひと言で、「やってみよう」と、博士は私への協力を約束してくれました。

このように、狭い枠組みで話し合いを続けていても出口が見えないときには、**違う視点で、相手が想像もつかないような、もっと大きな枠組みで説得することによって、突破口が見えてくる**ものです。

現在、消臭剤市場でナンバー1の企業、エステー株式会社をご存じでしょうか。エステーの鈴木《すずき》喬《たかし》社長は、社長に就任して、「消臭ポット」を商品化する際、役員会で全員に反対されたそうです。このとき、鈴木社長はどのように役員と社員を説得したと思いますか?

なんと、「俺の夢に女神が出てきて、この商品はヒットすると言った!」と朝礼で演説したそうです。一瞬、あっけにとられるようなことを言われると、人間の思考は停止してしまい、なんだかよくわからないうちに納得してしまうものです。

これも、相手の枠組みを超える好例ではないでしょうか。

人を巻き込んで、ひとりでは到底成し遂げられないほどの成功を手にするためには、いつでも「その人の価値観以上の価値を提供する」。このことを忘れてはならないと思います。

16

信用することと
リスクヘッジは違う。

"Skill" of those who earn 10 billion yen

ご存じの方も多いでしょうが、株式相場の世界で有名なことわざに、「卵をひとつのカゴに盛るな」というものがあります。これには、「いくつかのカゴ（＝商品）に卵（＝投資）を分けて、リスク分散しなさいね」という教訓が込められています。

私も、「ゲルマニウム美容ローラー」を開発したときに、1カ所の製造メーカーにすべてをお願いすることをせずに、ゲルマニウムを固めて棒だけをつくるメーカー、持ち手の部分をつくり、固めたゲルマニウムと組み立てるメーカーという具合に、2カ所に分けて商品を完成させました。

これには理由がありました。**それは、「マネをされないため」、これに尽きます。**

1カ所でお願いした場合、とくに私の場合はゲルマニウムを固めるメーカーにすべてをお願いしてしまった場合、「美容ローラーにするのか、これは売れそうだからマネをしよう」と思われてしまうと、すぐにそのアイデアや技術を盗まれてしまいます。

最終的には発売後数カ月で他社にマネをされてしまったわけですが、メーカーを分けることで、少しの間の時間稼ぎにはなりました。

マネされることを予想していた私は、ひとりでその先の3ステップまでのプランを考えていました。マネされたら次はこれを出そう。次はこれ。という具合に、対策を練っていたわけです。

おかげで、最初に出したモデルがマネされたあとに出した2ステップ目の「持ち手の色を変えゲルマニウム部分に凹凸をつけた商品」が続けてヒットし、3ステップ目には、最後のモデルとなった「淡谷のり子のサインを入れた商品」も大ヒットしていったわけです。

仕事の最終形をすべて1社に見せてしまっていたとしたら、個人レベルと変わらない規模で経営している私などはなす術《すべ》もなく、あっという間に、「ゲルマニウム美容ローラー」を大きな会社に持っていかれてしまっていたでしょう。そうなれば、最初は少し稼ぐことができても、それは長続きしなかったと思います。

あなたが、ある画期的な商品の構想を得たとしましょう。うっかり他人に話してしまい、それがマネされても、特許を持っていなければ、文句を言っても仕方ありません。反対に、マネをした会社が先に特許を出願してしまったら、「あれは私が考えたんだ！」とあなたがいくら言っても、裁判所はとり合ってくれないでしょう。

日本は特許など知的財産権については、先願主義を取っています。

要するに、特許を1日でも1時間でも1分でも早く出願したほうが権利を得ることになる。早い者勝ちなのです。

自分が考え出したアイデアなのに、他社にマネされて権利までとられてしまっては、せっかくのアイデアが水の泡です。

こんな事態にならないための、「卵はひとつのカゴに盛るな」。最悪の事態を想定し、あらゆるリスクヘッジをしておくのです。

何も、「人を信じてはいけない」と言っているのではありません。

時に非情なことをしても、金儲けに走るのは、人間としての性《さが》です。そして、儲けのチャンスは、時に人の心を邪にします。甘い考えだけでは、乗り切れない局面に多々出くわすでしょう。そのときに、リスクを避けるために、特許にしても契約書にしても、なんらかの書類を残しておくことは必要不可欠です。

信頼していた友人とビジネスを立ち上げたが、その後、ビジネスアイデアを持ち逃げされて裏切られた……という話を聞くこともあります。遊びではなく、ビジネスとして考えるのであれば、きちんと書類を残しておきましょう。

ビジネスにいかに真剣になれるか。ここに、あなたのビジネスへの態度が問われるはずです。

17

100を聞いて、1を知る。

"Skill" of those who earn 10 billion yen

ある日、「稲積さんって、わからないことがあると、とことんまで聞いていますね」と知人に言われました。

そういえば、昔からわからないことがあると、時間を忘れて質問していた記憶があります。それが自分の興味のない分野だったり、今まで聞いたこともないような業界の話だったりすると、その全体像を把握しないと気持ちが悪くなってしまうため、相手の都合もさして考えず「なんで？」「どうして？」と、聞いてしまっていたようなのです。

過去にも、パテントを出願する際に、弁理士の先生にとことん聞きまくり、理解してから出願するというようなことや、ゲルマニウム美容ローラーの構想を最初に話したA社長にも、あれこれ聞いていました。

ただ、聞いたことをすべて覚えているかと言えばそうでもなく、肝心カナメの部分だけを切り取って記憶するのです。私はメモもよくとるのですが、そのメモをしょっちゅうなくしてしまうため（笑）、言葉で聞いたことだけを記憶しています。

最近は、「ノート術」をテーマにした書籍が大量に出版されているようですが、そのノート術こそ危険だと私は思っています。というのも、書いたからと安心してしまい、そのノートを見返さなくなる可能性があるからです。

ましてや、自分オリジナルの方法ではなく、誰かのノート術をそのままマネしたものでは、そのうち使いにくさを感じてしまい、ノートに書き留めることすらしなくなってしまうのではないでしょうか。


そこで私が実践している方法が、**「聞いて、聞いて、聞きまくる」こと。**

長ければ2時間ほど質問と確認を繰り返すこともあります。相手にとっては迷惑かもしれませんが、真剣に聞こうとする姿勢を見せていれば、相手も根負けして、いろいろと教えてくれるものです。

およそ2時間も同じテーマについて質問と確認を繰り返せば、キモとなる部分はイヤでも覚えてしまうものです。キーワードを1つ覚えておけば、あとはそのキーワードから話の内容を連想し、そのまま自分の口に出してしまう。そうすれば、記憶に定着しやすくなります。


私はNLPやコーチングを学んだときも、同じ手法で学んできました。

人は「視覚（V）タイプ」「聴覚（A）タイプ」「体感覚（K）タイプ」と大きく3

つのタイプに分けることができます。文字通り、「視覚（V）タイプ」は写真や絵や図解を見ると理解が深まり、「聴覚（A）タイプ」は言語や音楽を聞くとよく、「体感覚（K）」タイプは体で感じた感覚を覚えやすいと言われています。

私の場合は、「聴覚（A）タイプ」です。あなたは何タイプでしょうか。NLPで簡単に自分がどのタイプかを知る方法があります。

たとえば、海をイメージしてみてください。どんなことをイメージしましたか？

●青い空、浜辺で楽しむ人々などの光景をイメージした人は……視覚（V）タイプ
●波の音、船の汽笛などの音をイメージした人は……聴覚（A）タイプ
●実際に自分が泳いでいるところ、水の冷たさや感触をイメージした人は……体感覚（K）タイプ

自分のタイプが何かを知ってから、勉強すると効率がぐんと上がります。私のような言語人間がノート術を必死で覚えても、効果は人並み以下でしょう。まずは、あなたのタイプを調べることから始めてみましょう。

Memo

100億円をつくり出すメモ

- 夢に名前を
- 信念から自分を解放する
- 足りないものは、人に頼る
- 目の前の仕事に集中する
- 納得いくまで、何度でも何度でも何度でも尋ねる

Chapter 2

"Sense"of those who earn 10 billion yen

100億円
稼ぐ人の
センス

18

成功の種は限界の外側にしかない。

何かを成し遂げようとするとき、誰でも必ず一度は迷路に入り込んでしまうものです。迷路の中で悩み、うろたえ、焦りから、さらなる迷路にはまっていくこともあるでしょう。

そんなときの対処法は、すべてを俯瞰《ふかん》して見ることにあります。

私は占い師に「一財産築く」と言われてから、その答えを探し続けました。考えて考えて考えて考え抜いて、頭が疲れ切ったとき、ふっと自分の世界の外枠が見えてきました。自分の世界の外枠とは、自分で勝手につくり上げた「限界の壁」だったのです。

大きな夢をかなえるには、「限界」という壁を打ち破るしか方法はありません。

そして大事なことは、「一度壁を破り外に出て、そこにとどまり続けられるかどうか」。ここで勝負が決まります。

なぜなら、外側はあらゆる危険でいっぱいだからです。わからないこと、知らないことだらけの世界においては、はじめて経験することしかない。ストレスとの戦いに心も体も疲弊していきます。そうなると、人はついつい慣れ親しんだ元の世界に戻りたくなるのです。元いた居心地のよい世界に戻って、ラクしたくなるのも無理のないことでしょう。

でもここが踏ん張りどころ。**ここで踏ん張れるか踏ん張れないかが、その後の人生に大きな影響を与えます。**「自分の限界の外に出る」とは、つまり「器を大きくする絶好のチャンス」と同義です。ここでリスクを覚悟で腹をくくれば、自分の世界はひと回り大きな器になります。

わかりますか？　大きな器には大きな夢が入るのです。

いつもの場所でいつもの自分、いつも同じ人に囲まれていては、大きな夢どころか小さい夢だってかなうわけがありません。

私の場合、そもそもゼロからの出発でさえなく、マイナス１０００万円からの出発でした。夢をかなえる「成功の種」は、すぐに手の届く所にあるはずがなかったのです。手に入れるには、限界の外側に出るしかありませんでした。

私にとって、限界の外側へ出る目的は、１０００万円の借金を返して、一財産を築くこと。それはとても困難な道のりで、「もうやめたい」「住み込みの仲居さんのほうがどれだけラクだろう」と思ったことも一度や二度ではありません。

何度も、元の場所へ戻そうとする力が働きましたが、「一財産」と唱え続けることで、外側にとどまることができました。目的意識をしっかり持ち、揺るがないために、夢を呼び続けるのです。

そうこうしているうちに、不思議なことですが、限界の外側が「普通の状態」になってきます。

おそれずに前に進みましょう。

限界の外側に成功の種はある。

そして、**限界の外側に居続けるには、常に夢に焦点を当てておくこと。**そうすればいつしかその場所が、自分にとって居心地のよい場所になるはずです。

19 素もぐりの法則。

知っていますか？　あなたの心の奥底には、神様が隠した宝が眠っています。**その宝とは自分の「存在意義」です。**

こんな話があります。

神様が天使たちを集めて相談しました。ある天使が、「宝は海の底に隠そう」と言いましたが、神様は「人間は海の底でも見つけることができるだろう」と言いました。また別の天使が、「空の上に隠そう」と提案しましたが、神様は「いやいや、人間は空の上でも見つけることができるだろう」と、また別の場所を探すように言います。その後、相談した結果、人間がいちばん最後まで探さないところ、それは「心の奥底だ」とわかり、そこに「存在意義」という宝を隠したそうです。

人は、自分の心がわからないものです。ましてや、心の奥底などは知ろうともしないことが普通です。

しかし、「自分は何者なのか？」「なんのために生まれてきたのか？」というふうに、自分の存在意義を知ることは、人生にとって大きな意味があります。それは、誰かの価値観に流されることなく、自分で確固たる目的を持ち、迷いなく進むことができるから。

つまり、自分の人生を生きることにつながるからです。そのためにも、心の奥底を知ることは、とても重要です。

とはいえ、「あなたは誰か？」と問われたとき、名前、仕事、肩書き、趣味、特技、家族関係……自分を取り巻く環境や属性を語ることはできても、「本質的な自分」を定義づけるのは簡単ではありません。

それはまるでマトリョーシカ（人形の中にさらに小さい人形が入れ子になって入っているロシアの人形）のように、まだ奥にある。まだ奥にある。まだ奥にある……と、いつまでも、「自分自身」をつかむことができない状態に似ています。

生きる目的、成すべきこと、貴重な命を何に使ったら心が喜ぶか？　それこそが、「自分の存在意義」です。

これは、心を深く「探究」しなければつかめません。

探究とは、答えを探すというよりも、「ああかな、こうかな」「あれもある、これもある」と視点を変えながら、ひとりでブレーンストーミングをする感覚です。**「自由**

に心の中を遊ぶ」。そんなイメージです。

ただし、この状態をつくり出すのは容易ではありません。訓練を積まなければ、雑念を払いながら、心の奥へ奥へと潜っていくことなど、できないからです。

「探究」を身につける基本的なスタンスは、「唯一正しい答えを求めない」「決めつけない」です（ちょっと禅問答のようですが……）。

すると「自由に心の中を遊べる」ようになります。

まずは、どんな「突拍子もない思いつき」でもリストアップしておくこと。「これ、いいかも」「こんなのも、アリかも」など、「～かも」くらいの感覚でよいのです。評価も制限もない中で、自由に想像を膨らませてください。

ところで、この「正しい答えを求めない」「決めつけない」自由な状態、まるでボンベを持たないでもぐっていく「素もぐり」みたいじゃありませんか？ そのため、私はこの状態を「素もぐりの法則」と名づけました。

探究するクセをつけてください。そして、神様が隠したあなたの存在意義を見つけてください。

20

論理から、突き抜けた成果は生まれない。

"Sense" of those who earn 10 billion yen

私たちは、明日がどうなるかもわからない、混沌の世界に生きています。でも人は勝手に、当たり前のように明日が来て、そんな日々が永遠につながっていると信じています。

本当は、そんな保証はどこにもありません。だから時には、秩序を無視してやみくもに行動してみるのはいかがでしょう。

やみくもに行動していると、普段は押さないボタンを押してしまうかもしれません。開かずの扉を開けてしまうかもしれません。そこには論理思考など通用しない世界があります。**だからこそ、想像もできないほど大きな夢がかなう可能性もあるのです。**

私は、一度しか会ったことのない占い師に言われた言葉を真に受けて、「一財産」に向かって突き進みました。ゲルマニウムが成功の種だなんて確証はどこにもないのに、「これだ!」という感覚を信じて突き進みました。

それは決して論理思考からは生まれてこない発想であり、行動です。しかし私はそのおかげで「一財産」を手に入れました。

そもそも論理思考とは、頭の中を整理整頓し、もれなくダブりなく、考え方を組み立てていく思考法です。

つまり論理思考には道筋がある。道筋を追って結果を出していくということ。論理思考の先にあるのは計算しつくされた形です。積み木を1つひとつ積み上げた世界です。揺らぎのないところに、おもしろい発想は生まれません。

混沌の中をやみくもに行動してつかんだ感覚。これこそが、とてつもないアイデアを生むのです。

どんなに考えを理路整然と組み立てても、答えが出てこないときは出てきません。考え抜いた結果が惨敗……ということだってあります。人生は論理思考では解決できない問題ばかりです。

では、道筋を無視して結果を出すにはどのようにしたらよいのでしょうか？

それは「遊び心」です。車と同じでハンドルに遊びがないと危険なように、考え方にも遊びがないと危険です。がんじがらめではすぐに行き詰まります。その遊びの部分を「感覚」と言ってもいいかもしれません。

感覚は実体のないものだから、捕まえるのは難しい。捕まえようとして捕まえられるものではありません。また、一度捕まえても、するりとすぐに逃げてしまいます。

水を手ですくっても指の間から少しずつこぼれ落ちてしまうように、いつの間にか消えてなくなってしまいます。

私は「一財産築く」と言われたとき、「ビビッ！」と身体に電流が走ったような感覚を覚えました。

「これだ！」と体が反応し、確信したのです。

その感覚が逃げないように、私がとった方法は、「一財産」と言い続けて言い続けて、自分の中に根づかせる、というやり方でした。

こうすることで、「一財産築く」という感覚を逃さずに保てました。

うまくいくときは何をやっても、あるいは、何もしなくてもうまくいくものです。

論理思考を無視して、自由な感覚の世界で、途方もないほどの大きな夢を育み、自分の中にしっかり根づかせて、かなえていきましょう。

21

1日1回クラゲになる。

“Sense”of those who earn 10 billion yen

だいぶ前のことになりますが、「24時間戦えますか」というコマーシャルがありました。サラリーマンは企業戦士などと言われています。しかしいつも臨戦態勢でいては、「ここ一番」というときに、かえって力を発揮できないものです。

そのために、時には全面休戦の状態をつくりたいもの。

どんなときでも深くリラックスできる人が、最後に勝ちを手に入れられる人だと私は考えています。

もちろん人生は勝ち負けではありません。それでも、大事な場面で「勝ちに行く」ための下準備は必要です。

昔から「健全なる精神は健全なる肉体に宿る」と言われていますが、現代は、ほとんどの人が、精神も肉体も疲労困憊《ひろうこんぱい》しているのではないでしょうか。

「なんとかなるさ」と自分に言い聞かせても、気持ちがついていかないときだってあります。何より、自分に余裕がないと人に優しくなれません。とくに、部下を持つビジネスパーソン、プロジェクトリーダーと呼ばれるような人たちは、常に心の余裕が要求されます。

部下に安心して仕事をさせるには、「最後の責任は自分が引き受ける」くらいの余裕が必要です。オン・オフの切り替えのスイッチがスムーズでなければ務まりません。

きっと、これをお読みのみなさんは、それぞれ自分なりのリラックス法を持っていると思います。お酒を飲む、ジムで汗を流す、カラオケに行く、好きなものを大人買いする……など。

私のオススメは、なんといっても「1日1クラゲ」。**これは、読んで字のごとく「1日1回、クラゲのように脱力する」方法です。**

人間は普通に呼吸をしているとき、古い酸素が3分の2くらいは肺の中に残ったままになっているそうです。これを残留酸素と言います。ですから時には思いっきり息を吸って、思いっきり吐く。お腹が破裂するくらい息を吸って、お腹と背中がくっつくくらいまで息を吐き切る。身体の中の古い酸素を出し切って新しい酸素を入れる。この方法、身体の中の酸素を新鮮に保つためには大切なことです。

ここでは脱力状態をつくるために、ゆったりとした呼吸をしてください。息を吸って吐くとき、お腹はへこませない。お腹に力を入れない。首の力も肩の力も抜いて、腕もだらんと下げたままゆらゆら揺れる。軽く目を閉じ、光が差し込んでいる透明な海の中を漂っていると思ってください。**そう、このとき、あなたは「クラゲ」なのです。**

何も考えず、頭も空っぽにする。「ボーッ」という音が聞こえてくるくらいボーッとしましょう。日本では「ボーッとしている」というと、イメージがよくないようですが、ボーッとすることはたいへん高尚な趣味と考える国もあります。

ボーッとしているときにこそ、すばらしいアイデアが降ってくることがあるからです。

ところで、「あの人はオーラがある」などと言いますが、「オーラ」は何によって育てられるか知っていますか？　なんと、「呼吸」からつくられるのだそうです。ですから、オーラを磨く上でも、またオーラをまとった人になるためにも、呼吸を大事にしてください。普段はだいたい浅い呼吸をしていると思います。**日に1回は、深めのゆったりした呼吸をすることを心がけましょう。**

そして何より大切なのが、「脱力」です。クラゲになるとは、呼吸も含めて脱力状態になることです。身も心も脱力状態になり、広大な海の中をゆらゆら揺れている、クラゲになった自分を感じてみましょう。

1回に、2、3分もあれば可能です。オフィスの椅子に座ったままでもできます。ぜひ、「1日1クラゲ」を試してみてください。

22

「時の女神」を味方につける。

「好機到来」とはまさしく「時」が背中を押してくれている状態のことです。

「時」が味方をしてくれなければ、絶対に成功は手に入りません。どんなにすばらしいアイデアも、時代の先を行きすぎてしまっては世間が受け入れてくれません。

私がエステティックサロンを始めたころ、「エステ」を世間に受け入れてもらうには、時代が早すぎました。今でこそ、「エステ」は気軽に通える存在になってきましたが、当時の「エステ」は一般の女性にはまだまだ敷居が高かったのだと思います。

では、なぜ、「ゲルマニウム美容ローラー」は成功したのでしょうか。その成功にはおそらく2つの好機が重なったと考えています。

1つめは、素材である「ゲルマニウム」。当時ゲルマニウムは美容業界でも注目されつつある成分でした。ゲルマニウムは浅井博士の研究により医薬品としての効能が先行していましたが、美肌やデトックスの効果も雑誌などでとり上げられ、密かなブームになっていました。

2つめは、故・淡谷のり子さん。当時、ブルースの女王から、モノマネ芸人のコロッケさんのおもしろくも過剰なモノマネで、新たなキャラクターに変身していました。

また、モノマネ番組の審査員での歯に衣着せぬ物言いが、「痛快！」と若い人たちの中にもファンが増えていました。
私はゲルマニウムを応用した美容器具のモデルに淡谷のり子さんを起用したことで、**2つの「旬」を同時に手に入れていました。**

弁理士さんによると、世に出ることなく埋もれてしまっているアイデアはたくさんあるそうです。時の運に恵まれなかったら、どんなに画期的ですばらしいアイデアであっても日の目を見ることはありません。素人の考えたアイデアが商品化されるのは極めて稀なこと。ましてやその商品が大ヒットするなんて夢にも思わなかった……と言っていました。

話が少しずれますが、あなたはカーリングという競技をご存じですか？　およそ40メートル先にある丸い的に、約20キログラムのストーンを投げ込んでいき、的に近いほど高得点となります。その得点数を競う競技です。
カーリングをはじめて見たとき、私は思わず、自分の成功をこの競技と重ね合わせてしまいました。ゲルマニウム美容ローラーはカーリングのストーン。**時が押し出し、時が整え、時が成功へと運んでくれました。**

私が美容ローラーで成功したときには、投げるストーンがすべてど真ん中、「私の壮大な夢」つまり、「一財産」に収まっていくようなイメージでした。

実際、的のど真ん中にストーンを投げるには、相当の練習量が必要になります。もしかすると、私は知らず知らずのうちに、ものすごい量のビジネスの練習をしていたのかもしれません。自分と畑違いの人の話を聞くのもいいでしょう。新たなセミナーに参加するのもいいでしょう。人それぞれのビジネスの磨き方があると思います。

そうやってどんどん練習量を重ねていってください。私は、その練習量により、ゲルマニウムを見出したとも言えます。

これにはやはり、「時の運＝タイミング」も重要な要素となります。早すぎても、遅すぎても、成功をつかむことはできないからです。**「成功の女神」の前髪をつかむには、とにもかくにも、練習と積み重ね。**これによって、「時」も味方してくれるようになります。もしも、私が美容ローラーを開発するのが半年早くても、遅くても、大ヒットするようなことはなかったでしょう。

ビジネスがうまく回っていなかったころというのは、今思えば「時」を待つための練習期間だったのかもしれません。

23

#「事実」と「真実」を分ける。

“Sense”of those who earn 10 billion yen

あなたは、事実と真実とを、同じものだと思っていませんか？

事実は事実です。事実は真実ではありません。では真実とはなんでしょうか？

真実とは、事実に自分なりの解釈や意味づけをしたものです。つまり、10人いたら10通りの真実があるということ。私たちはそのことに気づかずに、あたかも「事実＝真実」だと思い込んでいます。

ただ思い込んでいるだけなら問題はありませんが、事実につけた解釈や意味づけがストレスを生んでいるとしたら、馬鹿げた話です。人は1人ひとり違います。育った環境、行動習慣、能力、価値観、信念……。1つの事実に対して導き出される真実もおのずと違ってきます。

「事実＝真実」ではなく、あなたにとっての真実とは、事実に自分なりの解釈や意味づけをしたものだと知ることが大切です。

テレビの「行列のできる法律相談所」でも4人の弁護士の答えが必ずしも同じにはなりません。法律家でも、1つの事実に対して答えが分かれるのです。

「あなたの真実は！」と司会者は言いますが、まさしく「あなたの真実」なのです。

詳しいエピソードは後述しますが、私は借金のカタにとられた商品をとり返したところ、それが違法ということで、東京地検に書類送検されたことがあります。そこで検事正に言われた言葉は、

「あなたは２４００万円の詐欺罪に問われているんですよ」。

まさしく青天の霹靂《へきれき》でした。自分の商品をとり戻しただけなのに、なぜ？

「この商品は私のつくった商品だからとり返していい」というのはあくまで「私の真実」だったのです。

自分が正しいと信じたことをしたからといって必ずしも、それが相手の思う「正しさ」にはなりません。

真実はあくまでも「自分の真実」「あなたの真実」であって、真実は人の数だけあるのです。

「真実は１つだ！」。これが通用するのは名探偵コナンの世界だけ。マンガやドラマの世界では、シナリオがありますので、「真実は１つ」と言い切ってしまうことができますが、現実社会ではそうはいきません。

たとえば、クライアントとの打ち合わせ中に、相手の方が急に眉をひそめたら、あなたは、「何か気に触ることを言ってしまったかな？」などと、心配するのではないでしょうか。しかし、本当のところは聞いてみないとわかりません。その日はたまたま体調が悪かったのかもしれませんし、実際に気に入らないことがあったのかもしれません。

事実は「打ち合わせ中に眉をひそめた」ということだけです。

「事実」と「真実」をゴチャゴチャにして受け止めていると、ストレスが溜まり、体調を崩してしまうことにもなりかねません。

あなたも思い当たることがあるのではないでしょうか？　「事実」と「真実」をしっかりと分けてください。

それは事実であって真実ではない、と自分に認識させることが大切です。

また、私たちは往々にして悪い解釈やネガティブな意味づけを選択しがちです。**どうせなら、自分にとって都合のよい解釈を選択するよう習慣づけましょう。**そして、いい気分で日々を過ごせるようにしたいものです。

24

イチローに
ゴルフをさせるな。

あなたは、なんでもかんでも自分でしないと気が済まないタイプですか？　もしそうだとしたら、あなたは少しだけ成功から遠いかもしれません。

私が言いたいのは、「イチロー選手に決してゴルフをさせるな」ということ。たとえ運動神経がいいからといって、あれもこれもやるべきではありません。もっと言えば、野球に関しても、プレイヤーの彼に「試合の戦略を立てる」ことも、「パフォーマンスを高めるための栄養管理をする」ことも、求めるべきではないと私は考えます。**時間は、野球の一プレイヤーとしての技術を高めるのに費やすべきで、ほかのことにいろいろ手をつけても「器用貧乏」になるだけです。**


私は自分で言うのもなんですが、アイデアは豊富です。ビジネスモデルを考えて、それを語ることも得意です。しかし、そのアイデアやビジネスモデルを実践に移したあとの事務や管理は苦手です。

美容ローラーで成功した当時も、苦手な事務や管理はスタッフに任せていました。**得意分野に集中していたおかげで、私は成功を手にできたと言えます。**

このとき、なんでもかんでも自分でやってしまっていては、おそらく手配漏れや納品遅れのオンパレードで、販社の信頼を得ることができず、失敗に終わっていたでしょう。

現在も、さまざまなことを思いつきます。そのときには必ず、事務や管理が得意だろうなと思う人を巻き込んだり、そういう人を紹介してもらったりします。

私の講演にお越しいただいたことのある人はご存じかと思いますが、私はパワーポイントを使った講演なんかしたことがありません。こういうものは、はっきり言って苦手で、ストレスすら感じます（笑）。だから、すべて、自分の言葉と体を使って表現します。そのほうが自分の伝えたいことを、上手に伝えられると思うからです。生半可な知識で無理してパワーポイントを自分の講演に組み込んでしまっては、私の独特の講演リズムが崩れてしまい、きっとお客さんの感動は半分になってしまうはずです。

しかし、人は、自分ができないことに、ついつい目が行ってしまうもの。「あれができない」「これができない」と。だから、やたらに資格をとってみたりするわけですが、**これは本当に自分にとってプラスになるのか、冷静になって考えてみてください。**

たとえば、世界のＨＯＮＤＡを一代で創業した本田宗一郎には、藤沢武夫という名参謀がいました。本田宗一郎が会計やら何やらの知識を身につけようと、大学に通いたいと言い出したとき、藤沢武夫は「そんなヒマがあるなら技術を磨け」といった内容のことを言い、戒めたそうです。要するに、「自分の得意分野に集中しろ」と言いたかったのです。

だったら、最初から自分の得意分野に絞って行動し、苦手な分野はほかの人に任せてしまいましょう。

そのほうが、確実に生産性の高い仕事ができます。

仕事はすべてチームで進めなければいけません。反対意見もあるかもしれませんが、人生80年（90年？）と考えると、苦手を克服するために費やす時間はどれほどあるでしょう？　非常にもったいないと思いませんか？　苦手を克服したときには、すでにほかの人が自分の前を歩いており、せっかくのあなたのビジネスモデルが陳腐化している可能性もあります。

いずれにしても、**苦手分野を克服するまで、旬の「時」は待ってくれません。**それであれば、あなたの得意分野をどんどん伸ばしていってください。

25

ビジネスは、最小公倍数で考える。

“Sense”of those who earn 10 billion yen

いきなり算数の話をしてしまいますが、最小公倍数を覚えているでしょうか？
最小公倍数とは、「2つ（またはそれ以上）の数の大きいほうの数字の倍数が、小さいほうの数で割り切れるいちばん小さい数」のことです。言葉で書くと少しややこしいので、例題を見てみましょう。

4と6の最小公倍数は？　この場合、6の倍数は6、12、18……ですから、その中で4で割り切れるいちばん小さな数は12ですね。ですから、4と6の最小公倍数は12ということになります。ビジネスをうまく回していくには、この最小公倍数の考え方が役立ちます。**「最小の力で、ビジネスを最大化していく」という考え方です。**

先ほどの数字の例で言うと、12の力でビジネスを進めれば、肩の力がほどよく抜けて、いい状態でビジネスが回っていきます。18や30もの力をかける必要はありません。ビジネスで余計な力が入ってしまうと、目が「¥」マークになってしまい、お金儲けだけが目的の人に見られてしまいます。それではビジネスパートナーやお客さんから信頼を得ることはできません。

この「最小公倍数」の考え方は、言い換えれば、「テコの原理」のようなものです。
支点、力点、作用点がしっかりしていれば、最小の力で大きな岩を動かすことができますよね。こんなイメージです。

前項でもお伝えしましたが、私は自分でできないことはどんどん外注したり、スタッフに任せたりしてきました。これも、「最小の力で、最大の成果を上げる秘訣」です。できないことを克服しようと、自分が、自分がと前に出てしまっては、余計な力が入ってしまい、私自身の身体がもたなかったでしょう。また、お客さんやビジネスパートナーからは、「でしゃばりすぎ」と思われていたかもしれません。

今現在も、成果を最大化するための最小公倍数はいくつになるのかを計算し、チームを編成して仕事を進めていくようにしています。

たとえば、私は「100億円メソッドコンサルタント」として全国を飛び回っていますが、事務的な仕事や運営そのもの、集客はできませんので、それはすべて外部へ委託しています。これを全部自分でやっていては、肝心の講演やセミナーに支障が出てしまい、お客さんの満足度も低下してしまうことは目に見えています。

だから、この仕事はあの人、あの仕事はこの人……という具合に、どんどん仕事の割り振りをしてしまいます。あとは仕事を振る方々にお願いするわけですが、一度も断られたことはありません。

「最小公倍数」の考え方の中には、「仕事を一緒に進めるスタッフには、その仕事をすることによって得られるメリットをしっかりと提供すること」が含まれているからです。

その対価は、必ずしも「お金」ではありません。私の講演会で言えば、スタッフが得られるメリットは、私の講演を聞きに来てくださったお客さんとの「人脈」。これがいちばん大きいのではないかと思います。

講演に参加するお客さんは、ただでさえ意識の高い方が多いもの。時には、「なぜ私の話を聞きに来ているのか？」と思うくらいの大物の方もいらっしゃいます。

スタッフとして仕事を手伝うことで、普通にビジネスをしていてはなかなか出会えない「人脈」を得ることができます。

このように、最も小さい倍数で、最大の結果が出せる方法を考えましょう。**この方法を実践していけば、最短ルートで、思いもかけないほど大きな成果を得ることができるでしょう。**

26

何も持っていない相手と組む。

私が美容ローラーを開発して売ろうと思ったとき、「何も持っていない相手」と言うと大げさかもしれませんが、偶然にもメインとなる商品を探していた通販会社の社長と出会う機会がありました。

もちろんほかにも売り出す予定の商品はあったはずなのですが、なぜか私の美容ローラーがヒットすると思ったらしく、メインの商品として売り出してくれることになりました。

こうして私は通販会社の社長と手を組むことになったわけですが、今だから言えることがあります。

それは、決してこの社長と仲がよかったわけではないということ。

むしろ、どちらかというと、苦手な部類の人でした。それもそのはず、その社長は日大芸術学部出身でプライドが高く、一度言い出したら決して引かない性格。この引かない性格というのは私とまったく同じでした。お互い引かないものだから、いつも間に誰かが割って入るまで言い合いが続くわけです。

まわりからも、「ケンカばかりする人と、よく手を組んだね」と言われる始末。

でも、私はこの社長と手を組んだのです。

その理由は、2つあります。

1つは、売り方がわからなかった私には、「売る媒体をようやく見つけた！」という思いがありました。しかも、当時は借金を背負っていたので、「気に入らないから」と断れる立場でもありませんでした。

じつは、もう1つが最も大きな理由なのですが……この項のタイトル通り、その社長が「何も持っていなかった」からです。

何も持っていないと言っても、1つも商品がないわけではなく、「メイン商品を持っていなかった」ということ。だから、この社長に「ゲルマニウム美容ローラー」を任せれば、相当な時間を費やしてもらえることが容易に予測できたのです。

これがもし、ほかにもメインとなる商品を持っている通販会社であれば、私の商品はカタログの隅に追いやられ、テレビコマーシャルにも流されていなかったでしょう。

自分で商品を開発し、つくり上げたとき、人は大きな媒体や会社と組みたがるものです。しかし、冷静に考えてください。

その大きな媒体や会社には、毎日、何百、何千といろいろな商品が持ち込まれているはずです。数多くある商品の中から、あなたの商品をメインに選んでもらうのは至難の業です。よっぽどいいプレゼンをしない限り、見向きもされないでしょう。

それに対して比較的小さな会社というのは、常に新しいネタを探しているもの。商品が誰かから持ち込まれることもないので、小さな会社の担当者は、展示会などに足しげく通っては、売り出せる商品を探しています。そんな会社に、「この商品はどうですか？」と持ち込んだほうが、メイン商品として扱ってくれる可能性が格段に高くなるものです。

組む相手を選ぶときに、相手の大きさに惑わされてはいけません。大きい会社だからといって、きちんと扱ってくれるとも、売れるとも限らないのです。

選ぶ際のいちばんのポイントは、なんと言っても、相手の会社が自分と同じくらい商品を理解し、愛してくれるかどうかです。この情熱を共有しなければ、売れるはずがありません。ここで温度差があるようでは、自分だけががんばっている状態になってしまいます。そうなっては、せっかくの商品もまったく売れることなく、徒労に終わるだけでしょう。

あなたの大切なアイデア・商品を売り込むときに見るべきポイントは、必ずしも相手の規模やブランドではなく、「このビジネスに、どのくらいの時間と情熱を注いでくれるのか？」。ここを見ずして、最短の成功はあり得ません。

27

夢は絶対に語るな。

夢に名前をつけて、呼び続けなさい……とすすめておきながら、この言葉は矛盾しているように感じるかもしれません。しかし、自分の世界の中でやることと、他人に語ることは別です。

なぜ語ってはいけないかわかりますか？　それは、至るところにあなたの夢をあきらめさせるプロがいるからです。このような人たちを、「ドリームキラー」と言います。他人に夢を語るときは、腹をくくっている必要があります。**夢を語ったそのときには、誰に何を言われようと絶対にブレない覚悟がなければいけません。**そして、リアルな青写真を描けるかどうかが、夢を語る上で重要なポイントになります。

私の場合、自分の方向性が間違っていないと核心が持てるまで、夢を誰にも語ることはありませんでした。ゲルマニウムに出会ってもなお、「完全な確信」とは言い難かったので、自分自身に言い続けていたのを覚えています。ずっと、自分の世界で自分に向かって、夢を語っていました。

あなた自身を振り返ってみて、こんな経験はないでしょうか？　たとえば、友人が壮大な夢を語っているとき、心の中で「何、夢みたいなことを言ってるんだ」とつぶやく自分に気づいたことはないでしょうか？

子どものときにはどんな荒唐無稽《こうとうむけい》な夢を語っても「なれるといいね」と賛成してくれたはずです。ただ、大人になると、「現実を見てない」「そんな夢、かないっこない」と一蹴されてしまいます。

あなたも夢を否定された記憶があるかもしれませんし、逆に、人の夢を壊す「ドリームキラー」になってしまった経験があるかもしれません。

他人は簡単に「人の夢を否定する」のです。

ですから、自分の中で確実に「夢を実現できる！」と確信を持ったときでなければ、決して夢を語ってはいけません。

その確信を持っていない段階で、他人に夢を語ってしまうと、先の例のようにドリームキラーにやられてしまい、いつしか夢をあきらめてしまうことになります。

ドリームキラーは「夢の本気度合いを試してくれる存在」とする説もあります。しかし、夢の実現に確信が持てない段階でドリームキラーに出会ってしまうと、90％以上の人は夢をあきらめてしまいます。そのくらい、ドリームキラーの力は強力なのです。

自分の夢実現に確信が持てる瞬間は、必ずやってきます。その日に向けて、あなたは夢を呼び続け、人知れず努力を積み重ねなければなりません。

それは孤独な戦いかもしれませんが、ドリームキラーに比べれば、たいしたことはないでしょう。自分の積み重ねてきた努力が、日に日に成果になって表れてくることを実感できれば、孤独な戦いにも耐えることができます。

どうせなら孤独を楽しみながら、1つひとつレンガを積み上げていきましょう。夢実現後の自分を想像しつつ、ひとりでニヤニヤして……。

夢の実現に100%の確信を持つことができたら、そのときは存分にあなたの夢を語ってください。**ドリームキラーも現れますが、あなたの「本気」と「覚悟」を知って、強力な味方になってくれる人も、必ず現れます。**

それまでは、「夢」を自分の中で大切に、大切に温めておきましょう。

28

「既存×既存＝奇想天外」の法則。

“Sense” of those who earn 10 billion yen

「アイデアを出してください」というと、これまでにない、奇抜なものでなければいけないと思ってしまいませんか？　じつは違います。

奇抜すぎるアイデアは、意外と人が受け入れにくいもの。すんなりと入ってくるのに、新しい！　と感じさせたいなら、「既存のもの」と「既存のもの」をかけ合わせればよいのです。

身近な例で言えば、携帯電話とデジタルカメラの組み合わせで、カメラ付き携帯が誕生したことが挙げられるでしょう。

１９８８年に発売され、今現在も世界で愛読されている、ジェームス・W・ヤング著の『アイデアのつくり方』（阪急コミュニケーションズ）の中では、「アイデアとは既存の要素の新しい組み合わせ」と解説されています。

「携帯電話＋デジタルカメラ＝カメラ付携帯」はこの解説をわかりやすくした公式ととらえることができそうです。携帯電話もカメラも、とくに目新しいものではない時代において、当時のこのあり得ない組み合わせは、とんでもない大ヒット商品に生まれ変わったのです。

組み合わせる前は、ただの既存の商品に過ぎませんでしたが、組み合わせたとたんに、「見たことがない、新しい商品」として世間に受け入れられたのです。今ではカメラ機能のない携帯電話を探すほうが難しいですよね。

私も既存の要素を組み合わせて、売上100万本を超える大ヒット商品を生み出しました。それが「ゲルマニウム美容ローラー」です。

美肌効果があると話題になっていたゲルマニウムを、「手軽に持ち運んで使えるようにできないか」と考えたのが、まずはじめの一歩でした。

美容業界では、粉末のゲルマニウムしかありませんでしたが、ゲルマニウムを固めて円筒状にすることは理学博士の先生にお願いしていました。そのあと、この円筒状に固めたゲルマニウムを手軽に持ち運びするためには、そして持ちやすく使いやすい形状にするには？　みなさんなら何を思い浮かべますか？　既存のもので、持ち運びができ、使いやすい形状のものとは……。

私は、そこで、ピンッ！　とひらめきました。

それは、万年筆です。現在はまた万年筆のよさが見直されているようですが、私が美容ローラーの構想を持った当時は、完全に下火の状況でした。いわゆる右肩下がりの斜陽産業だったわけです。そんな万年筆メーカーにも危機感があり、あるメーカーは新商品開発室という部署をつくっていたのですが、どうにもこうにもヒットする商品を開発することができなかった。そんなところへ、私が美容ローラーの話を持ち込んだのです。話はとんとん拍子に進みました。万年筆の軸をそのまま美容ローラーに使えば、金型をつくる必要がありませんので、初期投資がゼロで済みます。

色合いなどは少し変えるにしても、それはたいした問題ではありませんでした。当然のことながら、万年筆というのは手に負担がかかりにくい形になっているので、美容ローラーで数分間コロコロと顔を転がしても、手が疲れることはありません。おまけに持ちやすい。こんなひらめきにより、私は初期投資ゼロという最高の状態を手に入れていました。

このように私は美容ローラーをつくり上げ、ヒットさせたわけですが、私はただ、既存の要素を組み合わせただけです。

「既存のもののかけ合わせ」は、何も商品だけではなく、サービスであったり、人と人をつなぐことだっていいと思います。そのかけ合わせは無限。**あなたの夢を形にする可能性も無限ということを意味します。**

普段から、こんな組み合わせをしてみたら……？　というシミュレーションを頭の中でしていたら、誰も考えつかない「新しいアイデア」が生まれるかもしれませんよ。

29

用意周到な人だけが、ぼた餅を手に入れられる。

"Sense" of those who earn 10 billion yen

昔からのことわざに、「棚からぼた餅」と言いますよね。

ことわざ事典では、「棚から落ちてきたぼた餅が、ちょうど開いていた口に落ちて収まること。思いがけない幸運が舞い込むこと」と解説されています。

この文章をそのまま解釈すると、何もしなくても宝くじが当たるかのように、「思いがけない幸運が舞い込むこと」と思いがちですが、ここに大きな落とし穴があります。

そもそも、棚の下まで行って、口を開けないとぼた餅を食べることはできません。

もっと言えば、棚がたくさんあったらどうでしょう？　ぼた餅が落ちてきそうな棚を選ばなければなりません。

さらに、運よく、選んだ棚からぼた餅が落ちてきたとしても、自分の口に収まり切らない可能性もあります。口からはみ出してしまい、幸運は逃げていってしまうでしょう。

つまり、「思いがけない幸運」なんてものは、本来、存在しないのです。

幸運を手に入れるためには、こんな手順が必要となります。①棚を探す、②たくさんの棚から、自分の口に収まるぼた餅がありそうな棚を選ぶ、③口を開けて待つ。④ぼた餅が落ちてくる。

これを、稲積流に、夢実現までの行動に置き換えると、

①自分の夢・目標を定める、②その夢・目標に向かって行動する、③途中で幾多の困難（多くの棚）に遭遇するが、ブレずに行動し続ける、④夢・目標が達成される。

要するに、何も行動しないで「いいこと起きないかな〜」「幸せになりたいな〜」と思っていても、一生、あなたの口にぼた餅（幸運）が落ちてくることはないということです。

たとえば、「結婚したいな」と思ったときは、結婚相談所に行ったり、合コンに行ったり、友だちに紹介してもらうために連絡をとったりするなど、何か行動をとらなければなりません。会社と自宅の往復、あとは家で「いいこと」を待つだけという受け身体質では、どう考えても幸運は訪れないでしょう。

自分の夢・目標が定まったならば、次は棚探しを始めます。棚を見つけたとしても、たくさんの棚から「正解の棚」を選ばなければなりません。

時には一発で正解の棚にたどり着くこともあるでしょう。しかし、棚選びに失敗するのがほとんど。失敗が一度や二度ではなく、何度も何度も続く可能性だってあります。

それでもあきらめず、正解の棚を探し求めて動き続ける人だけに、ぼた餅（幸運）が落ちてくると思いませんか？

ただし、ここでも注意が必要です。あなたの口に収まり切らない幸運が落ちてきたとしたらどうでしょう？　大きな口を開けても、入り切らないぼた餅。

「お金」を例にとって説明しましょう。「1億円」があなたの夢の名前なら、ただ稼ぐことだけを考えず、1億円をどのように使うかを考えておくことが重要です。使い方を考えていなければ、1億円を稼げたとしても、準備ができていないために浪費してしまう可能性が高くなります。

舞い降りた幸運をしっかり受け止められるよう、「1億円」なら「1億円を受け止める器」を自分の中に用意しておかなければなりません。普段から、お金を稼いだ自分を具体的にイメージするようにしてください。**その用意がないと、大きすぎるぼた餅は、あなたの口からこぼれ落ちていくでしょう。**

しかしまずは、自分の身の丈を知ること。そして、一段ずつ階段を上るように、自分を大きく成長させていけばいいのです。そのうちに口に収まるぼた餅も少しずつ大きくなっていきます。ひと回り大きな自分を演じてみる。ほんの少しの背伸びを続けることで、自然に大きなぼた餅を口に収めることができるようになります。

30

人の心は喜びよりも、恐怖に支配される。

あなたには、何か「やめたい習慣」がありますか？　悪い習慣をやめるのは、とても難しいですよね。

でも、簡単にやめる方法があるとしたら？　じつは、人間の心のクセを上手に利用すれば、たちどころに悪習慣をやめることができます。

それは、「やめる理由をおそろしいこと」にすることです。

普通人は何か決意するとき、ポジティブな目標を立てます。

「油ものを控えてダイエットしたい！」なら、「ステキな恋人ができるように」、「無駄遣いをやめる！」なら、「車を買い替えたい」などがあるでしょうか。

しかし、人間の心理を考えると、これらの目標はなかなか達成できないことがわかります。なぜなら人間の心は、「喜び」よりも「恐怖」に支配されがちだからです。

つまり、「楽しいことを目指す」ことよりも、「おそろしいことを避ける」ことに力を費やす傾向があるのです。

私は以前、タバコを吸っていた時期があります。ある日、健康のためにタバコをやめようとしましたが、なかなかやめることができません。

何かよい方法はないものかと、いろいろな禁煙法を調べてみたのですが、どれもうまくいかず、結局、やめることができませんでした。

そんなとき、姪が私の家に遊びに来ました。姪は本当にかわいくて、私は彼女の幸せを心の底から願っていました。そのとき突然、「そうだ、願掛けをしよう」と、ひらめきました。「この子の幸せのために、タバコをやめよう」と決めたのです。

ところが、なかなかやめられません。そこで、「ちょっとだけ」願掛けの内容を変えてみました。すると、大成功。あっという間に禁煙することができました。

何を「ちょっと」変えたか、わかりますか？

最初の願掛けは、

「姪の幸せのために、タバコをやめる」

でした。そして、改良した願掛けは、

「タバコを吸ったら、姪は幸せになれない」

です。

ここに、やめたくてもやめられないこと、つまり悪習慣を断つヒントが隠されています。

このカラクリは、とても単純です。「人間の心は、喜びよりも恐怖のほうに支配される」ということ。

トラウマという言葉があるように、「恐怖」は人の心に残って消えません。その心のクセを利用したのです。

もちろん、私がタバコをやめたからといって、姪の幸せが決まるわけではありません。ただ私の中で、この方程式を信じ込んで、成り立たせたのです。だから私は怖くてタバコが吸えませんでした。

あなたもやめたくてもやめられない悪習慣を断ちたいと考えているのなら、成功を勝ち取りたいと考えているのなら、「恐怖」を利用するのもひとつの手です。

設定する恐怖の度合いが強ければ強いほど、あなたの心をとらえるでしょう。

成功を勝ち取るために、なんとしてでもやめなければならない悪習慣があるのなら、ぜひこの方法を試してみてください。「恐怖」も使いよう。恐怖を利用して悪習慣を断ち、一石二鳥で誰かを幸せにできるなら、こんなすばらしいことはありません。

31

その失敗は、「必然」です。

今から30年ほど前、エステティックサロンは、まだ一般的ではありませんでした。

当時、女性に「エステ」という名称は浸透しておらず、どんなサービスを提供してくれるところかも知られていませんでした。

そこで私は、まずサービス内容を知ってもらおうと、『美容小冊子』なるものをつくることにしました。そして気楽にお試し感覚で来てもらえるように、割引券もつけました。

大きさは名刺大にして、バッグに入れて持ち歩けるように。さらに、人前で見ても違和感がないように、デザインにもこだわりました。

細部にまで配慮した『美容小冊子』。当然コストは高くつきます。それでもお客さんが来てくれれば、元はとれます。ここは「投資」と考え、質のいいものをつくりました。

このアイデアは当たり、思った以上の効果を発揮してくれました。さあ、魔が差すのはそんな瞬間です。効果が出たなら、多少のコスト高は目をつぶるべきでした。少なくとも顧客が安定するまでは……。

それなのに私は商売の鉄則をころっと忘れてしまったのです。つまり、「うまくいっ

ているということは、継続する」ということを。

私はここで、大きなミスを犯しました。重要なのは割引率だと勘違いしてしまったのです。そして冊子をチラシに変え、割引率を上げました。とにかく「お得感」を出せばいいんだと勘違いしたのです。……結果は無残なものでした。

そのとき、やっと気がつきました。エステというまだまだ一般的でないものをお客さんに受け入れていただくために、何がいちばん重要なのか。それは決して、「割引率」や「安さ」などではなかったのです。**そう、いちばん重要なことは「信用・信頼」でした。**

コストをかけてつくった『美容小冊子』はお客さんに安心感を与え信用・信頼を得ることができたものでした。さらに、デザインへのこだわりは、「綺麗になりたい」という願いをかなえてくれそうな夢のあるものでした。だからこそ、「女性の夢をかなえる販促物」として効果を発揮したのです。

「勝ちに不思議の勝ちあり、負けに不思議の負けなし」とは、元・楽天イーグルスの監督であった野村克也氏の言葉です。

まさに、負けるべくして負けたチラシです。かたや、工夫を凝らした『美容小冊子』は、後々考えてみると、勝ちにつながる要素がたくさん詰まっていました。野村克也氏の言葉を否定するわけではありませんが、**ビジネスの世界においては、勝つべくして勝つ、「不思議の勝ちなし」という瞬間もある**ように思えます。

少なくとも、「どういうときに勝てるか」はわかるはずです。それは、「お客さんのことを考えている」ということ。

自分の利益のみを考えて、コストを下げたチラシでは、たとえ割引率を上げたとしても、お客さんは振り向いてくれません。

チラシをつくっているときは、わかりませんでしたが、今振り返れば、この失敗は必然でした。

「〝お客さんのために〟を忘れたとき、そのビジネスは必然的に負ける」。

どんなビジネスでも、この原則は不変です。

お客さんの気持ちを無視した商売がうまくいくはずがありません。

ビジネスで成功するためには、この教訓を決して忘れないでください。

32

他人の許可はいらない。

“Sense”of those who earn 10 billion yen

あなたは何かをするとき、他人の目が気になりますか？

こんなことを言ったら、こんなことをやったら、おかしいと思われないか。馬鹿にされないか。気になりますか？

なぜ、気になるのでしょうか？　**人は人、自分は自分のはずです。**

おそらく、文化的背景も影響しているのでしょう。日本人のＤＮＡには、「みんな一緒」「横並びが大事」という概念が根強く受け継がれているようです。

農耕民族である私たちの祖先は、同じ時間に起きて、同じ時間に寝て、同じ場所で、同じ季節に種をまき、同じ季節に刈り取る。そんな環境の中で命が育まれてきたわけですから、「同じである」ことに、大きな意味があったのでしょう。みんなと違うことをして村八分にされたら、それは「死の宣告」を意味したのかもしれません。

そんな日本に住み、私たちは幼いころから、「人と違うことをしてはいけない」と教わってきました。家庭でも、地域でも、学校でも、「団体行動を乱してはいけない」という教育を受けてきたはずです。

大人になれば、自分の責任のもとで判断し、選択し、人生を切り拓いていかなければばなりません。それなのに、私たちは知らず知らずのうちに、「他人からの許可」を待っていないでしょうか。

他人からの許可を得るとは、ほかの角度から見れば、自分の人生に保険をかけているようなもの。**他人の判断に依存し、責任転嫁をしているのです。**

他人がまだ一度も歩いたことのない道を、自ら切り拓いて進むのは勇気のいることです。だからこそその先にある成功が、「最高のギフト」として提供されるのです。価値観をすり合わせたり、イエスマンばかりでは、斬新なことは何も生まれません。

そもそも人生に「唯一正しい答え」などありません。正しい答えはその時々によって変わります。なぜなら私たちは、この世界を色眼鏡をかけて見ているからです。

赤いレンズの眼鏡をかければ、世界は赤く見えます。

青いレンズの眼鏡をかければ、世界は青く見えます。

眼鏡をかけ変えれば、違った世界が見えてきます。違った世界には、違った答えがあって当然です。

だから、自分が成功するのに他人の許可は必要ありません。自分に許可を出せるのは、唯一、自分自身だけです。

人は落ちるところまで落ちてしまうと、かえって怖いものがなくなります。失うものがない強さは、「開き直りの強さ」です。よく死ぬ気になればなんでもできると言いますが、本当です。

かつての私も、自分で自分に許可を出しました。借金のどん底であろうと夢を追っていい。自分の感覚を信じて突き進んでいい。このままの自分で成功していい、と。

もう一度言います。

成功するのに、他人の許可はいりません。

誰かの許可を待って、「今だ！」と思ったときを逃してはいけない。一瞬一瞬が勝負。すべてはタイミングとの戦いです。時の女神は、他人の許可を待つあなたを待ってはくれません。

奇跡的とも言える大成功を収められるのは、「このままの自分でいい、ありのままの自分で成功していい」と自分自身に許可を出せた人だけなのです。

Memo

100億円をつくり出すメモ

- 論理は捨て去る
- 時の女神に愛されよう
- 新しさは、既存のものから生まれる
- 「思いがけない幸運」なんてない
- 成功にも、失敗にも、必然がある
- 自分の成功は、自分で決める

Chapter 3

"Mind"of those who earn 10 billion yen

100億円 稼ぐ人の マインド

33

意識の脳を黙らせろ。

"Mind" of those who earn 10 billion yen

人は誰でも、意識の脳を持っています。ここで言う「意識の脳」とは、頭の中で語りかけてくる、もう1人の自分です。

意識の脳は、ものすごくおしゃべりです。いらぬことを考えては、絶えずしゃべりかけてきます。それで、新しいことにチャレンジしようとすると、たいていはダメ出し。「無理、無理」「学歴がないから無理」「お金がないから無理」。挙げ出したらきりがないほど、否定の言葉でしゃべりかけてきます。こうして出来上がるのが、「失敗をおそれて、チャレンジしなくなる自分」。

こうして年を重ねるごとに意識の脳との会話は増え、ふと振り返ると、何もしなかった人生に後悔している自分がいます。

しかし、意識の脳に悪気はありません。ただ、あなたを危険から守ろうとしてくれているだけなのです。幼い子どもがジャングルジムに登ろうとすると、母親が「下りなさい」と注意するように、**意識の脳もあなたを危険から遠ざけようとしてくれています。**

あなたの頭には、別の脳も存在します。それが「無意識の脳」。

意識の脳と無意識の脳はまったく別のことを考えていることが多いのですが、そのことに意識の脳は気がついていません。「無意識の脳も同じ方向を向いているだろう」

と勘違いしてしまっているのです。

実際に、あなたの行動に与える影響が大きいのは、無意識の脳なのですが、意識の脳は自分が上位の親分だと思っています。常に采配をふるいたがっている。

少々始末が悪いですが、これにも対処法があります。

意識の脳の「勘違い」を改めさせることは困難です。しかし、おしゃべりをやめさせることはできます。

この意識の脳を黙らせるためには、考えを差しはさむ余地をなくすしかありません。

そこで有効なのが、すでにChapter1でご紹介した「夢の名前を呼び続けること」。

やってみるとわかりますが、リズムをつけて夢を呼び続けていると、だんだん名前だけに意識が集中してきて、ほかの考えは排除されていきます。**「無理だよ」と止める声が、一切聞こえなくなるのです。**

意識が座れる頭の中のイスはたった1つ。同時に2つの考えを座らせることはできません。気づくと夢をあきらめているあなたは、「無理だから、そこどけ」と、意識の脳にイスを占拠されてしまっているのです。だったら、そのイスにずっと「あなたの夢」を座らせてしまえばいいわけです！ **同時に2つ以上のことを認識できない意**

識の脳は、いつしかおしゃべりをやめてくれるでしょう。

私の場合は、「一財産、一財産、一財産……」とリズムをつけて呼び続けたわけですが、ここで注意点があります。それは、声に出してみた夢があなたの頭の中でしっくりきているかどうかという点です。

あなたの夢の名前が「1億円」だったら、それを声に出してみる。そして、リズムをつけて、しばらく呼び続けてみてください。それでしっくりこないようなら、名前を変えてみましょう。「1億円」ではなく、「億万長者」かもしれないし、もしかするとフォーカスしている夢そのものが、あなたが本当に望んでいるものではないのかもしれません。

お金ではなく、家族の幸せかもしれないし、好きな彼女と付き合うことかもしれない。あるいは、ただ単に新しいものを開発したいという開発意欲かもしれない。

あなたは、世間の価値観に影響を受けてしまっている可能性があるので、一度、自分が本当に何を望んでいるのか、自分自身と向き合ってみましょう。

とことん向き合って、やっぱり「お金」という結論が出るのか、それ以外の結論が出るのか、自分を見つめ直してみましょう。

34

苦難は「ひと回り大きな自分」が受け止めてくれる。

人は自分に対する「セルフイメージ」を持っています。言い換えると、信念を元につくり上げている自分がセルフイメージです。

「私は仕事ができる」「できない」

「私は異性にモテる」「モテない」

「私は頭がいい」「悪い」

人の数だけセルフイメージがあり、また、1人の中に複数のイメージがあるもの。

セルフイメージも信念と同じように、強烈な体験、あるいは何度も同じような経験を重ねることによってつくられます。社会に出て、はじめて仕事をしたときに失敗をしてしまったら、きっと「私は仕事ができない人間だ」となってしまうでしょう。はじめての体験というのは強烈に印象に残るからです。

あるいは逆にラッキーな体験を重ねると「私は運がいい」となります。

はじめての体験や強烈な印象以外にも、回数も影響しています。これらのことが、セルフイメージをつくり上げていきます。

今の自分がイヤで仕方なくなると、人は自分のセルフイメージを変えようとします。じつはこれ、正しい方法ではありません。

なぜなら、セルフイメージは、そう簡単には変わらないからです。もちろん、「セルフイメージ」と「実際の自分」をしっかり分けて、自分を客観視できれば別です。気に入らないセルフイメージだけを分離させればいいだけ。ただ、それができる人は、人間への理解が深く、さらに洞察力も持っている人です。私を含め、普通の人間には、ちょっと難しい。

そこで、私が提唱しているのは、自分のセルフイメージはそのままに、自分の外側に「もうひと回り大きな自分」をつくってしまうことです。

やり方はとてもシンプルです。**外界と自分との境、つまり皮膚と外界とを隔てている境界線を、もうひと回り外側に描いてみてください。**

頭の中に描いたスクリーンに、ひと回り大きな自分を映し出してください。ひと回り大きな自分に守られているだけなので、自分自身は無理に変わらなくていいわけです。

この手法を使えば、無理をしていない自分を感じることができるので、ふっと、肩の力が抜けて、ゆったりとした気分になるはずです。

そして、ひと回り大きな自分を身にまとったら、こう宣言して下さい。

「何が起きてもＯＫ」

今までより大きな自分となっているわけですから、器が違います。文字通り、何が起きてもＯＫで、受け止められるあなたなのです。これまで自分が見てきたようで、じつはしっかりと見えていなかった世界を感じることができるはずです。俯瞰して世界を見ることができれば、いつだって「何が起きてもＯＫ」と思えてきます。

心理学的には、このようにひと回り大きな自分を演じることは、「ペルソナ（仮面）をかぶる」というような表現を用います。

職場と家庭で同じ顔を見せないように、職場ではいつも真剣な顔で笑顔もほとんど見せない人が家に帰って子どもと遊べば満面の笑顔で暮らしているように、人はその場その場でなんらかの役割を演じています。

起業後うまくいかないときでも、誰かに裏切られてしまったときでも、職場でイヤなことがあっても、**ひと回り大きな自分を身にまとえば、すべてを受け入れる準備ができるはず**。

起きたことすべてを「成功への布石」ととらえることができたときこそが、あなたの夢実現ストーリーの始まりです。

35

人生におおいに期待せよ。

"Mind" of those who earn 10 billion yen

あなたは、自分の人生に期待をしていますか？

私は経営のことなど何もわからない状態でエステサロンをオープンし、あと先考えずただただ突っ走るような生き方をしてきました。それはそれでおもしろかったのですが、あるとき、足元しか見ていない自分に気がつきました。

あまりにも無謀すぎると思った私は、しっかり前を見据えなければ……そう思って顔を上げた瞬間、目の前にはとてつもなく高い壁が立ちはだかっていました。

エステサロンは借金で火の車、これは大変と後戻りしようと振り返るとそこは崖っぷち。やめようと思っても、少なくともエステの予約を入れてくれているお客さんはいるし、これまで応援してくれた人たちへの恩返しもまだできていない。行くも地獄、戻るも地獄……。まさしくそのような状況でした。

1000万円以上の借金を抱え、にっちもさっちも行かない状況でしたので、もう何をやっても焼け石に水。

あったのは「このままで終わるわけがない」という、なんの根拠もない自信だけでした。

こんな状態であっても、その気にさえなれば劇的な変化を生み出せます。

どうすればよいのか？

それは、**「自分が人生の成功者であるかのように演じる」**ことです。最初は演技でも、演じているうちにだんだん根拠のない自信が「確信」に変わり始めます。

何を演じるのか？　まず「あり方」。次に「行動」です。

「あり方」とは、成功している人の思考のクセやどんな暮らしをしているかなど、自分のロールモデルをつくってしまうことです。

「行動」とは、その言葉通り、ロールモデルに近づくための行動です。いつもはコンビニ弁当を食べているかもしれません。でも、成功した人が毎日コンビニ弁当を食べているでしょうか？　きっと、お洒落なレストランで経営者仲間と一緒にランチを楽しんでいるはずです。仕事に関して言えば、「このビジネスはうまくいく」と自信を持って決断・実行しているはずです。

もしあなたが、毎日コンビニ弁当を食べているのであれば、まずは週1回「自分には少し贅沢かな」と思えるレストランでランチをしてみましょう。

任された仕事がこれまで以上に大きなプロジェクトでも、「自信ないな……」と思ってしまわず、「自信あります！」「必ずうまくいく！」と思って仕事を進めてみてください。

このように、**少しずつ成功者になり切ることで、自分の人生に期待をすることができるようになってきます。**

「どうせいいことなんて起きない」と思っていたら、本当にいいことは起きません。いいことが起きたとしても、「これは偶然だから」とあまり喜ばなくなると、本当に喜べない、つらいことばかりが起きてしまうようになります。こんな悲しいことにならないように、「人生に期待をする」のは、とても重要です。

成功者になり切って、根拠のない自信が「確信」に変わったら、人生におおいに期待しましょう。

「私の人生にとてつもなくすばらしいことが起こって、夢がかなう」。私は真剣に心の底からそう思うようにしました。すると、なんの根拠もないのに、ゲルマニウム美容ローラーの開発に成功し、「一財産」築くことができたのです。

今日から自分に向かって、「私は私の人生に期待をしていますよ」と心を込めてメッセージを送ってください。

すると、脳が喜びます。**ごきげんな脳は、あなたの夢をかなえる手助けをしてくれる、最強の味方になるはずです。**

36

常識の中にある非常識を拾え。

"Mind" of those who earn 10 billion yen

人間は思い込みで生きている生き物です。

「○○さんは繊細な人だ」「△△さんはがさつな人だ」など、その人を見、話してきた印象で、自分の中のフィルターを通して人を見たり、判断したりして、知らぬ間にあらゆるものにレッテルを貼ってしまっています。これらのレッテルの集合体が「常識」として、あなたの心に巣食っているとしたら、その常識はいったん捨ててしまったほうがよいかもしれません。しかし、常識を捨てるなんて、なかなか実行できないものです。

そこで、「常識の中にある非常識を拾う」。これならできるのではないでしょうか。

「常識の反対が非常識でしょ。常識の中に、非常識があるわけがない」と思うのが普通です。**しかし、非常識は常識の外側にあるのでも、別の物として存在するものでもなく、常識の中に存在するのです。**

自分が常識と思っていることは、みんなの常識でもあると人は考えがちです。

「もっと常識的に考えろ！」「お前には常識ってものがないのか！」「常識外れの意見は言うな！」

こんな調子で責められると、ぐうの音も出なくなります。

でも、常識ってなんなのでしょう？

じつは、個人の価値観・信念と同じように、「その人にとっての常識」があるだけで、その常識は他人にあてはめることはできないはずです。

それは、社会の価値観・信念も同様。社会が勝手に決めている価値観・信念ほど厄介なものはありません。

最近は減りましたが、お役所に行って、「これは○○課」「××課に行って」と、部署をたらい回しにされた経験はありませんか？　民間の企業がこんなことをすれば、たちまち悪評が広がり、企業のイメージダウンにつながることは間違いありません。でも、昔のお役所では、これが「常識」だったわけです。

しかし、この常識を逆手にとって成功した市町村も存在します。千葉県松戸市では「すぐやる課」をつくって住民の不満を消していき、これまでのお役所のイメージを一新しました。こうしたことが徹底されていけば、「やっぱり、お役所仕事もサービス業の1つだよね」といった認識に変わっていくでしょう。今度はこれが「常識」になるのです。

常識とは、いつとは知れず誰かがそう決めたもので、人々がその常識の枠から外れてはいけないと勝手に決め込んでいるもの。盲目的に「正しい」と信じ込んでいるものです。

でも、今ある「常識」がじつは大間違いで、「非常識」と思われていることが「正解」なのかもしれません。

人は誰でも、豊かな人生を送りたい、成功を手に入れたい、と願っているもの。だったら一度、自分の思い込んでいる常識という「安全圏」から抜け出し、自分の常識を外側から見てみましょう。きっとその中から、思いもかけない可能性を秘めた「非常識」が見つかります。

自分の常識を俯瞰し、「常識の中に非常識を拾え」と自分に言い聞かせてください。昨日と同じ今日ではない、今日の続きの明日ではない未来は、常識を疑い、非常識を見つけることでしか手に入りません。

「ゲルマニウム美容ローラー」は常識を疑い、そこからキラリと光る非常識を拾ったことで誕生しました。

あなたの「非常識」からも、きっとダイヤモンドの原石を見つけられるはずです。

37

脳は上書き保存する。

"Mind" of those who earn 10 billion yen

脳はよくパソコンのハードディスクに、そして、思考習慣・行動習慣はソフトウエアにたとえられます。

このように考えると、自分の脳というパソコンにどんなソフトを入れるかで、あなたの人生は変わります。

パソコンには、ワープロ機能がついていますよね。このワープロでテンプレートに文字を入力していくように、脳はいつもいつも自分が考えていること、思っていることが、自動的に書き込まれていくというイメージを持ってください。

普段なにげなく使っている言葉、ログセが、あなたの中に、当たり前のように書き込まれていきます。

もちろん、時には意図的に書き込むこともあるでしょう。

自分が経験してきたこれまでの人生を書き込んでいき、1日が終わると上書き保存してパソコンを消すというような作業を、脳は毎日、文句も言わずにやり続けてくれています。この脳の上書き保存機能を有効に使わない手はないでしょう。

私の「一財産」という言葉もそうです。

最初は心の願いとして言い続けていた言葉ですが、途中からリズムをつけ、呼吸を合わせ、まさしく意図的に書き込んでいきました。

これを毎日繰り返したら、どうなると思いますか？

私が言い続けた「一財産」という言葉は、ファイルに延々と書き綴られていくわけです。そして、延々と書き綴られた「一財産」を上書き保存して1日を終えます。毎日毎日上書き保存されていきます。こうなると、寝ても覚めても「一財産」。いや、寝ている間も「一財産」と寝言を言っているくらいになります。

朝会社に行って、夕方までPCに向かって「一財産」と打ち込んでいくような作業を、脳の中で延々と繰り返していき、それをしっかりと上書き保存する毎日。イヤでも覚えることができますし、その打ち込んだ言葉に向かって、行動を起こしたくなるはずです。

私の場合は、「一財産」でした。みなさんは違った言葉を打ち込んでいくことになると思いますが、**意識のいちばん上に最も大切なこと、いちばん願っていることを必ず保存してください**。打ち込んでいく言葉は、Chapter1でお伝えした、「あなたの夢の名前」ということになります。

ここで注意していただきたいのは、文の冒頭上に、「どうせ無理だろうけど……」

とか、「やっぱり難しいよな……」というようなマイナスの言葉を、絶対に入れてはいけないということ。

脳は「物事の善し悪しの区別」をつけることができないので、長く保存されていたことは、その人が本当に望んでいることと脳は解釈します。ですから、ネガティブな言葉を書き込むことは厳禁です。「貧乏」と書かれていると、顕在意識では望んでいないのに、ある日突然会社が倒産したり、クビになったり、収入がなくなるなどして、本当に「貧乏」な自分を実現させてしまいます。**それくらい、脳への上書き保存は強力なのです。**

反対に「お金持ち」という言葉を毎日上書き保存していると、「昇進・昇給した！」「スカウトされて、年収が倍になった！」「起業して商品がヒットした！」など、お金持ちストーリーが始まっていきます。

「一財産」と上書き保存を続けてきた私自身で、この効果は実証済みです。

難しくはありません。誰でもできます。ただし、毎日上書き保存していく根気強さは必要です。特別なスキルや環境も必要なくできるのですから、根気強く上書き保存を続けてください！

あとは、今から、あなたの夢実現に向けて動き出すだけです。

38

自分の北極星を
いつも持つ。

「自分の北極星をいつも持つ」とは、常にあなたの道を照らしてくれる灯台のようなものを持つということです。あなたの道しるべとなってくれる北極星を持つことで、迷いがなくなり、ブレずに夢に向かって進んでいくことができます。

ビジネスの世界では、魑魅魍魎《ちみもうりょう》が跋扈《ばっこ》しています。うまい話を持ちかけては、人をだまそうとしてくる人もちらほら見かけます。

こちらの弱みにつけ込んで、いかにも本当のようなウソを平気でついてくる人だっています。

こんなドロドロとしたビジネスの世界で、だまされず、迷わず突き進むためには、決してブレない「道しるべ」が必ず必要になります。どこにいても動かない北極星を見れば方角がわかるように、自分が成し遂げたいことを「北極星」に見立ててください。

資金難で苦しいときに、うまい儲け話を持ってこられたとします。そのときも、すぐにホイホイ乗らず、必ず一度立ち止まること。**「自分が成し遂げたい夢へのプロセスと、この儲け話はずれていないのか？」と、考えてください。**

一時的な資金を稼ぐために、本業とは全然違うことをしてしまう人もいます。たとえば、事業の運転資金がなくなってしまい、コンビニでアルバイトを始めたとします。

そうなると、いつの間にか成し遂げたい夢に割く時間がどんどんなくなってしまい、結局、遠回りになることもあります。最悪の場合、夢をあきらめて、一生アルバイトで暮らす……なんてことにもなりかねません。

アルバイトをすることが悪いと言っているわけではありません。アルバイトによって、本来やるべきこと、やりたいことをする時間が必要以上に削られてしまい、夢をあきらめることがないようにしてほしいと言っているのです。

ですから、**いつも自分の北極星を意識しながら進んでください**。ブレそうになったとき、その北極星は、あなたの道を照らしてくれる貴重な存在になります。

夢をかなえるということは、旅行にたとえられます。旅行へ行く前には、どこへ行くかを決めて、地図を持っていくはずです。地図を持たずに行けば、迷ってしまうことでしょう。だから、夢への地図を用意することが重要なのです。

夢は、旅行で言うところの「目的地」、目的地到達のための手段や方法を示すものが「地図」にたとえられます。私はここに足元を照らす光、「北極星」を追加したいと思います。

ビジネスでは、必ずしも昼間の移動しやすい旅行だけではありません。前の見えない夜に移動することもあります。

この苦しいときに、あなたの足元を照らしてくれる光こそが、あなたの北極星です。

ビジネスという大海原に出るときには、夢と地図と北極星を必ず持って行きましょう。そうすれば、ブレずに、迷わずに、目的地に到達することができます。

すでにお気づきの方もいるかもしれませんが、北極星とは、自分へ課したルールです。苦しくても、安易な儲け話には乗らない。人の責任にしない。悪口・陰口を言わない。困っている人を助ける。約束は守る。自分が悪いときには素直に謝る……など、このようなルールを破らず、まっすぐ進むことが夢への最短距離となります。

自分なりのルール（＝北極星）をいつも意識しておいてください。あなたの北極星は、いつもあなたを守ってくれます。

39

幸せの本質を知る。

"Mind" of those who earn 10 billion yen

あなたにとっての「幸せ」とは何でしょうか？

残念ながらこの質問に即答できる人は少ないでしょう。

何が幸せかは、当然のことながら1人ひとり違います。また時間の流れや生きているその時代の中で変わっていきます。

高度経済成長の時代には、お金と物欲が人の心を支配し、車や家電を手に入れることが幸せの基準でした。**しかし、現代では価値観が多様化し、全員の基準が「富」「モノ」のほうに向いているわけではありません。**


私はゲルマニウム美容ローラーで十分稼いでいたとき、「本当に幸せだったか？」と聞かれると、素直に「幸せでした」と答えることができないときがありました。

ゲルマニウム美容ローラーを世に出すまではエキサイティングで本当に毎日がおもしろく、充実していました。ゴールに向かって確実に前進している自分がいて、「今、仕事をしている！」とびしびし感じていました。生きているのだという充実感に満たされていました。

しかし美容ローラーの販売が流れに乗ってからは、少しずつ自分の置かれている立場が変わってきました。通信販売会社を総発売元に決め、販売のすべてを任せてからは、美容ローラーは私の手を離れ、もう私がいてもいなくても売れていったのです。

それはたいへんありがたいことだったのですが、**だんだん私は自分の存在する価値を感じることができなくなっていました**。それはまるで、大好きなおもちゃを取り上げられてしまった……。そんな感覚でした。

私は開発者という肩書だけで、商品には触れることは一切ありません。私がいなくても商品は売れ続けますので、悪く言えば私の存在する価値を感じることができなくなってきました。こうなってくると仕事をしているという充実感が薄く、毎日が退屈で仕方ありません。

たまに友だちと食事へ行っても、心の底から興奮するようなことも、楽しめるようなこともなく、毎日をただ流されるように生きているだけで、満たされない思いでいっぱいでした。充実感が薄いのに報酬は高いため、充実感と報酬が比例しない状況でした。人から見たら、うらやましいような話かもしれません。仕事の量以上に収入があるのですから。

しかし、私本人は、時に自己嫌悪にさえ陥っていたのです。

「何もしていないのに、こんなに報酬を得てもいいのだろうか？　本当に、これでいいんだろうか……？」

たしかに私は「一財産」という夢を追いかけていました。しかし、「一財産」が私に充足感や幸せを感じさせてくれるわけではなく、**夢へ到着するまでの苦難や楽しい思い、そのプロセスが私に充実感と幸せをもたらしていたのです。**

そう、幸せの本質は、「心の充実」にあります。

お金があれば、多少の幸せを感じることはできるかもしれません。**しかし、仕事をして充実した生活の中で感じる幸せに勝るものはないと私は考えています。**

ラクして儲けてもいいでしょう。ただ、そのときは、「ラクした分の幸せ」しか感じることはできません。自分の限界を超える勢いで仕事や人生に取り組んでみてください。きっと、これまで味わったことのないくらいの幸せを感じることができるようになるでしょう。

40

自分の世界は、自分の言葉で創られる。

言葉は人生を豊かにします。多くの言葉（語彙《ごい》）を持つことは、自分の世界を広げていくことにつながります。

私たちは言葉が創り出す世界の中で、自分の世界を創っています。自分の発した言葉は、そのまま自分の世界にその言葉通りの現実として表れてきます。

自己啓発本などで、「いい言葉を使えば、いい人生になり、悪い言葉を使えば、悪い人生になる」というようなことが書かれていますが、勘違いしないでください。

私が提唱している、「言葉」とは、ポジティブ思考でプラス言語を発するということではありません。

ネガティブな状態のときに、ポジティブ思考（言語）やプラス言語を使うことは必ずしもいいこととは言えません。

落ち込んでいるときに元気を出そうと思い、ポジティブ思考・プラス言語を心がけても、それは一時的なカンフル剤のようなもので、その効力が切れてしまったときに、反動で余計に落ち込んでしまうことがあるからです。

さらに、ポジティブ思考とプラス言語というカンフル剤をいつも使ってしまうと、気づいたときには、その効力は弱まり、自分を奮い立たせることができなくなってしまいます。

そこで、成功哲学で言うところのポジティブ思考・プラス言語ではなく、語彙を増やすことをおすすめします。語彙とは、そのときの自分の気持ちを適切に表現できる言葉、心の深いところの感情を汲み取れる情感言語（造語）のことです。

私も実際この方法で、いくつもの困難を乗り越えてきました。

豊かな感情表現ができるように、情感あふれる言葉を自分の中にたくさんストックしていきましょう。

感情をうまく表現できず自分の中に溜め込んでしまうと、他者に対して暴力的になったり、自虐的になったりしかねません。

悲しいときはどのように悲しいのか、苦しいときは何が苦しいのか、**ただ単に悲しい、苦しいではなく、具体的に表現してみたり、詩的表現で声に出してみてください。**

そうすることで、「今、自分は、どのように悲しいのか」がわかってきます。

こんなクセをつけていると、たとえば、人に裏切られたとき、「自分が悲しい」と思っていたことが、「自分を裏切ったときの心境を考えると、相手の心が悲しい」となり、じつは悲しさは自分に対してではなく、相手に対して思っていた感情だったことに気づくことがあります。

また、失恋して苦しいときも、「あの人の気持ちを察すると、あの人だって苦しかったはず。苦しさは自分だけではなく、相手と半分ずつなんだ」と考えることができ、苦しさから少しは解放されるはずです。

このように、言葉ひとつで癒されます。言葉ひとつで勇気が出ます。言葉ひとつで自分の世界を変えることだってできます。

ですから、無理矢理ポジティブ思考・プラス言語を使うことはありません。

豊かな言葉（語彙）には、人生を逆転するパワーがあるのです。現に私は借金のどん底から「一財産」という言葉で人生を逆転させました。

私たちは脳の中で常に思考活動を繰り返しています。それは言葉を使って行われます。豊かな語彙で、あなただけの豊かな人生を創り上げていってください。

41

夢は最高の娯楽。

夢を持つと、いい意味でまわりが見えなくなります。とくに、飲み会、テレビまたはギャンブルなどの一般的に言う「娯楽」は、どうでもよくなります。

周囲の人からは、「仕事人間だ」「お金にもならないことに時間を使って」などと思われるかもしれませんが、当の本人は楽しくて仕方がない状態になっています。ですから、努力している意識もないし、大変だなとも思っていません。

反対に、自分がやっていることが当たり前だと思っているので、あなたはすごい人だと言われても、「え？　これがすごいことなの？」というような感覚になっています。

私自身も、美容ローラーの開発から発売までの間、前述のような状態になっていました。夢に一歩一歩近づいていると感じることができ、脳は大喜びです。

常に「楽しい」「ワクワク」状態になっているため、夢に向かっている人にとっては、猛烈に働いている状態が「娯楽」そのものなのです。

しかし、世の中には自分が何をしたいのか明確にわかっている人が少ないように思います。または夢はあるけれど、それをうまく表現できないという人もいます。

そこで、ここでは、簡単に夢を見つける方法をお伝えしたいと思います。

その方法とは、「目の前のことを全力でやる」です。

「適当にやると愚痴が出る。一生懸命やるとアイデアが出る」と誰かの詩にありました。

これはじつに的を射た言葉だと思います。

私も美容ローラーの開発をしているときには、アイデアが湧き出る泉のようにどんどんあふれてきて、あっという間に商品の構想が完成しました。

そのときのことを思い返してみると、やはり目の前のことを一生懸命にやっていた自分がいました。

ですから、たとえ書類のコピーを頼まれても、愚痴ってはいけません。いくつも工夫できるポイントがあるのではないでしょうか？　どのようにすればいちばん見やすいか、どこを留めれば書類をめくりやすくなるか、などなど。全力でやれば、そういう細かいところにも気を配れるようになるものです。

「コピーを取るために会社に入ったんじゃない！」と言って、すぐに転職を考えてしまう前に、「まずは全力でやりなさい！」と私は言いたい。

全力で取り組んでいくうちに、最初はあまり興味のなかった仕事であったとしても、その仕事が楽しくなり、その業界や業種で一旗揚げて有名になってやろうと思えてくるものです。

「夢」を持つと、心に火がつきます。そして、どんなハードワークでも楽しんでいる自分に気がつくはずです。

「あれ？　そういえばお昼ごはん食べてない」「気がついたらもう朝だった」というような状態でも、脳は喜んでいます。

そんなハードワークをしている自分を自分でほめて、「こんな自分が好きだ」と心の底から思うことができれば、また脳は大喜びです。

そうすれば、アクセル全開で走っていた自分に、もう一段上のギアがあることに気づき、さらにスピードを上げて夢へと走っていくことができるようになります。

心に火がついて、脳が喜んでいる状態になれば、あなたの夢はほとんどかなったも同然です。

どうか、まず目の前の仕事に全力で取り組んでみてください！

42

〝成功〟という名の未来は、悪魔の顔をしている。

"Mind"of those who earn 10 billion yen

未来は決まっています。

「え？　未来は自分で変えられないの？」と思われたかもしれませんが、未来は決まっているのです！

ただ、未来が決まっていても、その未来を自分で選択することはできます。

もうちょっと説明しましょう。じつは、「決まっている未来」は無数にあるのです。その中からあなたがどの未来を選択するのかが、「未来を動かす」という意味です。

選択した未来によって、あなたが普通の人生を歩むのか、茨《いばら》の道を歩むのか、または夢をかなえると覚悟した未来を歩むのかが決まってきます。

今、この瞬間にもあなたは自分の行動を無意識のうちに選択しているはずです。

たとえば、あなたは、本書を読むという選択をしましたよね。このあと、内容をすっかり忘れてしまうことも選択ですし、書いてあったことをさっそく実践してみるというのも選択のひとつです。

もしかしたら、あなたが今歩んでいるのは、自分が思い描いていた人生ではないかもしれません。しかし、それもあなたが過去に選択をしてきた結果です。

私は、「一財産築く」という未来を選択しました。

それにより、もちろんつらいこともありましたが、本当に「一財産築く」という未来を実現させることができました。

そこへ行きつくまでの間も、選択の連続でした。ビジネスパートナーに男と女の関係を迫られたときに、私が断らなかったとしたら……。もしかすると、もっと順調に物事が運んでいたかもしれない。あるいは、失敗の人生を歩んでいたかもしれない。

こうして本を書く機会に恵まれたのも、ある方へ出版社をご紹介いただいたということがきっかけとなっていますが、あのとき、出版社へ行かなかったとしたら、また違った未来を歩んでいたはずです。

成功する未来に行きつくまでには、困難な道があるものですが、その困難な道を見てあきらめてしまい、また元の自分に戻ってしまっている人がいます。そんな人にこれだけはお伝えしておきます。

〝成功〟という名の未来は、悪魔の顔をしている。

悪魔の顔をしているのですから、「間違えた！」と思ってしまうのも無理はありませんが、それはパッと見た印象。その悪魔もじっくりつきあっていけば、次第に天使に変わっていくものです。

ゲルマニウム美容ローラーの開発に成功した私でしたが、売り方がわからないという困難に陥ったとき、美容ローラーの在庫の山を見ながら、「間違えた……」と意気消沈していましたが、後戻りすることをしませんでした。

まさに「在庫の悪魔」が日の前に迫っていたわけですが、ここで引いては女がすたる！（笑）という思いで、悪魔に立ち向かっていった結果、「１００億円」という普通では考えられない成功を勝ち得たわけです。

悪魔の顔に見えたのは、進むべき道を迷ってしまった自分の心の弱さなのかもしれません。結果的に、その悪魔が夢をかなえてくれたわけですから。

未来は無数にあります。

その無数にある未来の中から、どの未来を選択するかはあなた次第です。どうか、心から望む未来を選択してください。

43

覚悟のラインを最大まで高めよ。

"Mind"of those who earn 10 billion yen

決めたことを続けるには、まず、腹をくくること。そして、どこまでやれるかを決めなければなりません。

私はこれを「覚悟のライン」と命名しました。

エステサロンを始めた当初、経営が火の車であったことは、先に述べた通りです。経営が火の車だからエステサロンをやめられるかと言えば、そんなに簡単にやめられるものでもありません。実際、私以外にも、エステサロンを経営していて、やめたくてもやめられない人はたくさんいました。

しんどいし、借金取りは来るし、罵声を浴びせられることもある。それでもやめずに進んでいけたのは、**「決めたことの中に活路を見出す」と決心していたからです。**

夜逃げしてしまった社長、廃業してしまった社長などは、腹をくくって商売をしていなかったのかもしれません。もちろん、健康上の事情や連鎖倒産が理由なら話はわかりますが、借金で投げ出すようでは、厳しいようですが社長は務まりません。

夢を持ったら、その夢に対して責任を持ち、腹をくくることがまずは必要になります。よいことがあっても、悪いことがあっても、途中でやめたりしないという「覚悟」。何が起ころうと途中で投げ出さない。決めたら決めたことに対して責任を引き受ける。

そんな鉄よりも堅い覚悟が必要です。

この「覚悟のライン」が高い人も、低い人もいます。「え⁉ そんなに低いところにラインを設定するの？」と驚かされることもあれば、反対に「高過ぎない？」と驚かされる場合もあります。

どちらのほうが成功確率が高いかと言うと、間違いなく、ラインを高く保てる人です。覚悟のラインを高く保っている人は、多少のことではひるみません。ジタバタしません。**いつ、どんなことでも自分事としてとらえ、腹をくくっているからです。**

何かを人のせいにして生きることほどアホらしい生き方はありません。

覚悟のラインを高く保ち、すべては自分次第だと知ってる人は、必ず成功していきます。それは、人のせいにして途中で放棄せず、成功するまでやり続けるからかもしれません。

ビジネスも同じです。しんどいからやめますと言っても、あなたがやってきたビジネスは存在するわけですから、そこにはなんらかの責任が伴っているはずです。その責任をすべて放棄することはできないはずです。

何をするにもリスクを負わなければなりません。ノーリスク・ハイリターンはないのです。リスクが高いほどその恩恵を受けるはずです。**ノーリスクで得た成功は長続きしません。そこに腹をくくるという行為がないからです。**

私たちの人生においても同じことが言えます。

どんなに過酷な試練が待ち受けていようと、決めたらやり続けることです。それが、腹をくくるということです。それこそが覚悟というものです。

あなたは自分の人生にどれほどの覚悟を持って臨んでいますか？　**覚悟のないところに成功は存在しません。**なぜなら成功とは、自分ひとりで生み出すものではなく、自分を取り巻く他者や、社会との関係の中で成立するものだからです。自分の人生に起こることはすべて、自分の責任として引き受ける。

そのくらいの覚悟がなければ、成功は手に入りません。

44

すべての偶然は、必然に変えられる。

私たちは、目には見えないけれど、常にアンテナを立てて生きています。そのアンテナの感度がいい人と悪い人がいます。

感度の悪い人は情報を取り損ねたり、受け取った情報を取捨選択するときに何を捨て、何をストックしておくかを見誤ります。

感度のいい人は決してそんなことはありません。感度のいい人とは意識だけでなく、無意識でも情報を受け取れる人です。つまり「偶然を見逃さない力を持っている人」でもあるのです。

明確な意図もなく「何かいいことないかな～」と言っている人は、たいてい、偶然を見逃しています。少し哲学的になりますが、偶然を見逃すということは、その人にとっては必然なのです。

反対に、偶然を見逃さない人にとっても、「すばらしい偶然をキャッチする」ということは必然なのです。

私はゲルマニウムに出会ったとき、「これだ！」と言う声が身体の中から聞こえたような気がしました。身体が反応したのです。まさに無意識が情報を受け取ったのです。きっとアンテナの感度がよかったからでしょう。

アンテナの感度をよくするのはそんなに難しいことではありません。何事に対しても「明確な意図」を持てばよいだけ。

ただ「なんとなく」ではなく、明確な意図を持って見る、聴く、対処する。それがアンテナの感度を上げ、偶然を見逃さず、さらに、偶然を必然に変えていく力になるのです。


ゲルマニウムを固めてローラー状にすると決め、専門家を探していたとき、「叔父が理学博士だけど会ってみる?」と声をかけてくださる方が現れました。ひと口に理学博士と言っても、専門分野はさまざまです。会いに行ってみると、なんと博士はゲルマニウム研究の専門家といってもいい方でした。このことは偶然と言えば偶然ですが、偶然というひと言では済まないだけの、強い何かが働いていたことは確かです。

ある知人は、展示会で偶然、自社のコンセプトにマッチする商品を見つけました。まだそのときには売れるかどうかもわからない商品でしたが、彼はピンと来て、輸入代理店になる契約をします。そして今では、数社からの具体的な引き合いがあり、その会社の主要商品になりそうだとのこと。
このとき彼は、「何かいい商品はないかな～」という軽い気持ちで展示会に行っていたのでしょうか？　違いますよね。「絶対にいい商品を探す！」という明確な意図を持って見に行っていたはずです。だからこそ、偶然通りかかった会社の前を素通りせず、「これだ！」と直感が働いたのです。

チャンスは誰にでも平等に訪れます。同じ数だけやってきます。**そのチャンスをつかむ力が「明確な意図」であると言い換えることができます。**

「あのときのあの出会いが人生を変えた」という表現があります。人生を変えるほどの出会いは、意味のある必然です。それは人であっても、ものであっても、変わりません。

「人生を変えてくれるような人に出会いたいなぁ」と、漠然と思っていても、決して出会うことはありません。

明確な意図を持って行動したとき、偶然は必然をもたらすのです。

45

天命を受けて、人事を尽くす。

歴史に名を残すような仕事をした人たちは、例外なく思い込みが激しいタイプの人間だと思います。**それは、ことわざにあるような「人事を尽くして、天命を待つ」人ではなく、「天命を受けて、人事を尽くす」と考える人ではないでしょうか。**

「自分がやらなければ誰がやる」「ほかのやつらに任せておけるか。これは自分の使命なんだ」

そういう心意気で仕事に取り組んでいる人たち。

天から与えられた使命を果たす！　この想いの中には、不屈の魂が宿っているに違いありません。

私は、美容ローラーを世に出すことに成功しましたが、決して順風満帆だったわけではありません。

一緒に仕事をしようといわれ、信用した方に美容ローラーを預けたところ、じつは借金を抱えており、その担保に商品はすべて取り上げられてしまいました。

当然、私は取り返しに行きました。しかし、その後、警察に訴えられて事情聴取を受け、東京地検に書類送検されてしまったのです。

たしかに、取り返しに行った先は善意の第三者です。訴えられても仕方がありません。

でも私にとっては、心血を注いだ大切な商品です。何があろうと守らねばならなかった。そのときは、「たとえ火の中、水の中」くらいの意気込みでした。地検の検事にもその想いは伝わったと思います。その後、相手方が訴えを取り下げたのか、なんのおとがめもなく、事なきを得ましたが、このこと以外にも、危ない橋をたくさん渡ってきました。

人から「なぜそこまでしたのか?」と聞かれることがあります。

私は、ゲルマニウム美容ローラーを、なんとしても世に出したかった。そのことを、「使命」だと感じていたからです。

世の中を見渡すと、個人を超えてもっと大きな役割に貢献している方が大勢いらっしゃいます。

たとえば、国境なき医師団のように、過酷な環境の中で命をつなぐサポートをしている人々。戦場カメラマンのように自らの命の危険を顧みず、戦火に追われる人々の悲惨な現状を世界に知らせている人々。例を挙げればきりがありません。

このような人たちは、確実に「天命」を受けています。

どんな危険にも困難にも、決してひるむことなく、自分の役割を果たしている人たちです。

まさしく、天から与えられた使命を生きています。

現在、私は自らの体験を、講演活動を通じてお伝えしています。

今は、講演活動こそが、天から与えられた私の使命です。私の体験を聞いてくださった方々の中から、1人でも多くの方が元気に人生を謳歌してくれることを願っています。

「人生はどん底からでも逆転できる！　そして、勇気と元気を日本中に伝播《でんぱ》させる！」

それこそが私にとっての「天命を受けて、人事を尽くす」という生き方です。

こうした天命は、誰かからもらうものではありません。ふとしたときに、自分の天命に気づくもの。まわりの人のアドバイスもあるかもしれませんが、それはあくまでもきっかけに過ぎません。

今あなたに「天命」がないのだとすれば、心の奥底に眠っている天命に気づいていないだけ。

目の前のことを必死でやっていれば、いつの日か自らの天命に気づくでしょう。

46

正直こそ100億の価値。

「起業したいけど、お金がないからできない」という人をたまに見かけます。「いつか、もう少しお金を貯めてから起業する」と言っていても、その「もう少し」とは具体的な金額ですか？　「いつか」とはいつのことでしょう？　漠然と「できない理由」を言っているのであれば、その「いつか」が来る日はないでしょう。

「お金がないから、できない」。厳しいようですが、これは言い訳に過ぎません。なぜなら、私はゼロどころか、借金からのスタートだったからです。そんな私が、なぜ成功できたのか？　**それは、「正直さ」にあったのではないかと考えています。**

もし、私が潤沢な資金をもとに起業していたら、あれほどの成功はなかったでしょう。ゲルマニウムの粉末をローラー状に固めるため、理学博士に協力をお願いして、粘りに粘って協力してもらえることになった話はすでにしました。問題はここからです。何せお金がないのですから、博士に報酬をお支払いすることができないのです。そこで私は正直にこう言いました。

「博士、じつは私はお金がありません。この美容ローラーは必ずヒットします。だから、成功報酬でいいですか？　売れたら、売れた分の利益から報酬をお支払いします」と告げたところ、意外と簡単に了承してくれたのです。

また、美容ローラーの広告塔になってくださった淡谷のり子さんとの交渉でも、お金がないことを正直にお伝えしました。

当時の淡谷のり子さんと言えば、テレビ番組のモノマネ大会の審査員でお茶の間でも人気がある大物歌手です。淡谷さんは、本当に自分がいいと思った商品でなければ、モデルにならないことで有名でした。

最初に美容ローラーのサンプルをお渡しし、数週間使っていただいたところ、気に入ってくださり、モデルを引き受けてくださったまではよかったのですが、やはりお金がありません。**「えーい！　ダメでもともと！」と開き直って、とんでもない提案をしました。**

「淡谷先生、私、じつはお金がありません！　申し訳ないですが、報酬は商品の現物支給でいいでしょうか」とお願いして、おそるおそるお顔を見ると、「いいわよ〜」と、あの少し甲高い声でOKしてくださったのです。

信じられないですよね。「言ってみるものだな〜」と自分に感心してしまいました。

反対に、「お金がなくてもお金持ちのフリをして交渉しろ」と書かれている本もありますが、私はまったく真逆のことをして成功したわけです。

「こうすればうまくいく」といったセオリーはありません。その人のキャラクターもあるでしょうし、交渉内容にもよると思います。

ただ、私は、**「正直ほど強いものはない」**と心底思っています。正直に、誠心誠意交渉すれば、人は、大概のことを受け入れてくれます。

そのような「あ・うん」の呼吸の交渉をするには、こちら側の目利きも大切です。やみくもに交渉すればいいということではなく、相手の気持ちが温まるのを察知する心眼が必要です。

淡谷さんで言えば、美容ローラーを本当に気に入ってもらってからの交渉です。博士で言えば、ゲルマニウム合金の研究がしたいという望みをわかった上での交渉です。

それは決して難しいことではなく、正直に対応していれば、おのずとそのタイミングはわかります。自分の利益だけではなく、相手の利益を十分に考慮する気持ちがあれば、通じ合えるものです。

成功したければ、正直であれ。それはいつか、100億円ものギフトを生んでくれるはずです。

47

どんなに成功しても、あなたは変わらない。

最後にお伝えしたいのは、もしあなたが成功したら……という話です。とても大切なことなので、あえていちばん最後の話として選ばせていただきました。

借金のどん底にいたとき、「世間」は私にとってとてつもなく大きなものでした。私は小さな木片につかまりながら大海原を漂流していて、いつ沈んでもおかしくないような状況でした。海の藻屑《もくず》と消えてもおかしくない。そんなちっぽけな存在でした。

それがどうでしょう。美容ローラーで成功してからは、状況は一転。まるで、豪華客船に乗って優雅に船旅を楽しむ客人のようになっていました。

こんな世界があったのかと思うほどの高級ホテルに、高級旅館、そして高級レストラン。今まで手が届かなかった場所へ、どこにでも行けるようになったのです。

このとき、借金を抱えたどん底時代には私に見向きもしなかった世間が、急に、私にすり寄ってきました。

あれほど冷たかった銀行の支店長が、揉み手をしながら私を奥の応接室に招き入れてくれる。「本当に同じ人間なのか？」と、疑ってしまうほど、すっかり対応が変わってしまったのです。オセロゲームのように、まわりの世界が一気に黒から白に変わっていくような感覚でした。

私は何も変わっていないのに、「世間」が勝手に私に新たなラベルを貼ったのです。「成功者」「勝ち組」というラベルを。

すると、あんなに大きくておそろしく感じていた「世間」が、急に小さなものに見えてきたのです。

身なりは相変わらずのすり切れたジーパンに洗いざらしのシャツ、スニーカー。手には紙袋。それでも、世間は、女王様のように私を扱ってくれていました。

私は混乱して、しばらくは頭の回線がつながらなかった。

しばらく考えて、出てきた答えは、「そうか、世間は私を見ているのではなく、私の持っているものを見ているのか」ということ。

持っているもの、それはもちろん、「お金」です。

世間とは現金なものです。借金まみれの私と一財産ある私では、１８０度態度を変えてきたのですから。

「お金があるってこんなにすごいことなんだ……」

世間も、まわりも、そして自分自身も、みんなが勘違いをし始めていました。

成功しても、人間の本質は、何も変わりません。それなのに、成功後は、何をしても、みんなが一目置いてくれます。法に触れさえしなければ何をやっても許してくれる。奇抜なことをすればするほど「さすが！」と持ち上げてくれるのです。

ここで、喜んではいけません。これは、たいへん危険な兆候です。ホイホイ乗せられてやったことが失敗したとしても、誰も責任なんてとってくれない。そして、また、冷たく突き放すでしょう。「世間」は、助けてくれません。

ちやほやされていた私も、成功前の世間を思い出し、お金がなくなればまた元通りなのだろう……と、はっと気づきました。

成功して、喜ぶのは当然です。でも、あなたの本質は何も変わっていない。そこでおごってしまえば、世間の流行に動かされるだけ。

あなたは人に動かされる人生を送るのでしょうか？　違いますよね。あなたは、これからも、あなた自身で未来を選び取っていくはずです。

そう、どんな未来も、あなたの手の中にあるのですから。

Memo

100億円をつくり出すメモ

- 夢実現を妨げているのは、意識
- 人生は期待であふれている
- 夢に向かうための「道しるべ」を持つ
- 無数の未来から、自分の未来を選ぶ
- 成功者に偶然は存在しない
- どんなに成功しても、決しておごり、たかぶらない
- 成功する人の法則は、人生を楽しむ人の法則でもある

おわりに

ここまで読んでいただき、ありがとうございます。

私の経験してきたことが、読者のみなさんの人生に少しでもお役に立つことができれば、こんなにうれしいことはありません。

最後に、出版にあたりご協力いただいた多くの方々に、この場を借りて御礼申し上げます。

あさ出版さんとご縁を創ってくださった『ずるい考え方』著者の木村尚義先生、執筆のご協力をしてくださった田口勝也さん、右も左もわからない私を懇切丁寧に導いてくださった編集者の古川有衣子さん、あさ出版のみなさん、本当にありがとうございます。

そして、いつも私を励まし、見守ってくれる大切な仲間たち、心強い応援をありがとう。多くの方々に支えられてこの本を出版することができました。心から感謝申し上げます。

稲積サナエ

著者紹介

稲積サナエ（いなづみ・さなえ）

「100億円メソッド」コンサルタント／米国NLP協会認定マスタープラクティショナー／認定コーチ／キャリアカウンセラー
1951年生まれ。共立女子短期大学卒業。
特別国家公務員として、衆議院事務局部長秘書を5年勤めたあと、美容業界に転身。27歳のときに、赤坂にエステティックサロンをオープンする。経営のことなど何も知らずに始めたため、あっという間に立ち行かなくなるが、ある運命の言葉に出会い、業界初の「ゲルマニウム美容ローラー」を開発。故・淡谷のり子氏をモデルに起用し、大ヒット。計100万本、100億円を売り上げた。
大金を稼いでからは、興味の対象は「売ること」から「どうして売れるのか？」「稼ぐ人の共通項は何か？」にシフトし、研究に没頭する。コーチング、NLP、脳科学などを学び、「誰でも大金を稼ぎ出す思考法」として、ついに独自の「100億円メソッド」開発に成功。現在は、行政や企業、サポート校などの講演・セミナー活動を中心に、「100億円メソッド」コンサルタントとして、活動の場を広げている。

本書への感想をアマゾンレビューに寄せていただいた方にもれなく、著者稲積サナエからステキなプレゼントがあります。詳しくは、以下のHPへアクセスしてください。

↓↓
●稲積サナエHP「有限会社　一発逆転」
http://www.ippatsugyakuten.com/

100億円稼《おくえんかせ》ぐ人《ひと》の思考法《しこうほう》

〈検印省略〉

2013年　5月23日　第1刷発行
2013年　11月22日　第6刷発行

著　者――稲積　サナエ（いなづみ・さなえ）
発行者――佐藤　和夫

発行所――株式会社あさ出版
〒171-0022　東京都豊島区南池袋2-9-9 第一池袋ホワイトビル 6F
電　話　03（3983）3225（販売）
　　　　03（3983）3227（編集）
FAX　03（3983）3226
URL　http://www.asa21.com/
E-mail　info@asa21.com
振　替　00160-1-720619

印刷・製本（株）シナノ

facebook　http://www.facebook.com/asapublishing
twitter　http://twitter.com/asapublishing

ISBN978-4-86063-602-9 C2034